給科爾遜

他對美好世界的夢想
鼓勵我盼望有重新設想的教會

信念再思叢書

史密斯 著
陳永財 譯

與後現代大師一同上教會

基道出版社

▼

信念再思叢書

與後現代大師一同上教會

Who's Afraid of Postmodernism?

Taking Derrida, Lyotard, and Foucault to Church

作者
史密斯 James K. A. Smith

譯者
陳永財

責任編輯
李慧儀

裝幀設計
奇文雲海

■

出版／發行
基道出版社
香港沙田火炭坳背灣街26號富騰工業中心1011室
LOGOS PUBLISHERS
Unit 1011, Fo Tan Ind. Centre, 26 Au Pui Wan St., Shatin, Hong Kong
電話：(852) 2687-0331　傳真：(852) 2687-0281
網址：http://www.logos.com.hk

承印
基業印刷廠有限公司

●

7/2007 初版
Cat. No. LP 913
ISBN: 978-962-457-336-7

Originally published in English under the title
Who's Afraid of Postmodernism? by Baker Academic,
a division of Baker Publishing Group, Grand Rapids, Michigan, 49516, USA.

Printed in Hong Kong

刷次	10	9	8	7	6	5	4	3	2	1
年份	2016	2015	2014	2013	2012	2011	2010	2009	2008	2007

中文版序

福音主義、後現代主義和全球化

很榮幸得知《與後現代大師一同上教會》這本書被翻譯成中文，讓中國及東西亞其他地區的基督徒可以讀到，聖靈在這些地方的工作，顯然是我們（在西方的人）即使在一代以前也不會想到的。

這本書根據北美和歐洲的背景寫成。不過，全球化表示西方的挑戰和改變很快便傳遍世界，在北京的街道或香港的教會出現——就好像巨無霸漢堡包和Nike運動鞋傳遍世界各地一樣。所以，或許為北美而寫的書也可以向亞洲說話，因為北美文化正愈來愈快地成為「世界」文化——無論是好是壞。西方現代性以及它的制度（工廠和醫院、民主和自由市場）快速擴展，也表示**後**現代主義——對現代性的批評——也跟隨它走遍全球。

不過，我們可以提出，現在我們所說的全球化（資本主義和西方消費主義的全球化）之前有另一種全球化，那就是基督教在十九世紀的宣教擴展。[1]事實上，這往往更特別是源自英國和美國的**福音派**基督教的全球化。這份全球化福音主義的遺產在好像亞洲這樣的地區繼續影響著教會——這也可以部分地解釋為甚麼一本這樣的書可以在中國和其他地區找到讀者。但我們應該留意「福音主義」在十九世紀傳遍世界的方式完全是一種**現代**現象（正如我們需要考慮更正教的宗教改革既是現代的標記，也是現代的催化劑一樣）。[2]福音主義傾向顯露出一些源自笛卡兒的現代特點——特別是強調個人、「確定」、客觀等等。

由於福音主義傾向以現代性作為外衣，後現代對現代性的批評在某些方面也適用於福音主義。後現代對個人主義、對確定的笛卡兒式追尋和「客觀」知識的迷思的批評，都適用於很多版本的福音派神學。正因為這樣，福音派人士往往嚴厲批評後現代主義。

但福音主義和現代性的這種結盟需要受到質疑。福音派必須是**現代**的嗎？與現代性結盟對福音有幫助還是有害？基督徒可以是**後**現代的嗎？那可以是**好**事嗎？換句話說，後現代主義會否是教會的催化劑，幫助教會重新更忠心地理解福音和它的使命？《與後現代大師一同上教會》這本書便是要回答這類問題，並邀請福音派基督徒看到，事實上，後現代主義是比現代主義更好的盟友。更具體地，我嘗試勾劃一個異象，指出成為福音派但卻不是現代是怎樣的。我提出這要求一種靈性和實踐，是回望早期、古老和中世紀的教會，尋找忠心的模範——就好像加爾文、路德和改教者回看奧古斯丁和其他教父，尋找忠心見證的智慧和模範一樣。真正的「後現代」靈性會是韋伯（Robert Webber）所說的「古老—將來」靈性。[3]我論證說福音派如果對自己對現代性的吸收採取更批判的態度，會更好地見證神將臨的國度。而後現代對現代性的批評可以幫助我們這樣自省。

或許我在這裏應該說一些在本書的英語版沒有十分明確

提出的話。肯定後現代對現代性的批評並不是**反**現代。因此，對「與現代結盟對福音帶來好處還是壞處？」這個問題，我們需要十分小心地回答。一方面，世界各地的基督徒能夠藉著媒體科技傳福音，或者乘坐飛機傳揚好消息，明顯為福音帶來好處。藉著某些科技的進步，以及醫藥、疫苗和醫學技術的發展，令基督徒可以將神救贖的例子帶到世界的破碎，明顯對福音有幫助。很多時，是技術進步令人們可以「預嘗」將來國度的公義（*shalom*），並從而為復活的主作見證。在非洲發展不昂貴的處理食水技術的基督徒工程師，是將基督勝過咒詛的好消息帶給別人。因此，從某方面來說，現代性帶來的進步是值得肯定的。但另一方面，由於基督徒接受了現代性資本主義視角的個人主義和消費主義（以及伴隨著的貧富懸殊），或者由於他們認同也是現代性的果子的軍事民族—國家，並向其效忠，對福音的見證往往因而受損和蒙污。甚至我們「做教會」的方式也變成是現代多於是基督教的東西。因此，現代性既是恩賜，又是毒藥。整體來說，我擔心毒藥的部分會廢除那些恩賜，但我想清楚表明，後現代對現代性的批評並不構成**拒絕**現代性。

我也不是宣揚不加批判地接受後現代主義。因此我從沒有宣揚「後現代」教會。我的目標不是要基督徒變成「後現代」。我只是要表明後現代主義可以成為催化劑或機會，讓教會具批判性地思考它怎樣將福音和現代性混淆。這樣，後現代主義便成了一個機會，讓福音主義或許可以重新更忠心地理解福音，向前現代的聖徒學習在二十一世紀忠心是甚麼意思。

我們在北美洲的信徒知道，基督教——以及特別是福音派的基督教——不再屬於「我們」。後現代其中一個最重要的特點肯定是教會的中心已經轉移到全球的南面和東面。我們知道聖靈在你們的角落更活躍。所以我在樂於藉著這本書將我能夠獻出的智慧獻給你們(在此我很感激譯者的辛勞,令這成為可能)[*]時,我們在北美洲的基督徒也期望你們讓我們看到,在這個後現代時期忠心地見證福音是甚麼意思。

史密斯(James K.A. Smith)
密歇根州(Michigan),大急流城(Grand Rapids)
二〇〇七年五旬節

註釋:

* 譯按:不用客氣,這是我的榮幸。能夠翻譯這本書,我也獲益良多。

1 有關相關的討論,參David Hempton, *Methodism: Empire of the Spirit* (New Haven: Yale University Press, 2005)。

2 例如:考慮在Sujit Sirasundaram, *Nature and the Godly Empire: Science and Evangelical Mission in the Pacific, 1795-1850* (Cambridge: Cambridge University Press, 2005)中關於福音派宣教和現代科學的纏結那迷人的論點。

3 參Webber對此最近期的闡述,見*The Divine Embrace: Recovering he Passionate Spiritual Life* (Grand Rapids: Baker, 2006)。

譯序

不亢不卑：後現代主義‧基督徒‧譯者

史密斯在這本書主要論述後現代主義——特別是德希達（Derrida）、利奧塔(Lyotard)和福柯（Foucault）的思想——對教會有甚麼正面影響。對於後現代主義，他的取向是持平的，既沒有完全否定這思潮，也沒有全面擁抱，而是批判地接受，雖然他也明言，在這本書他主要是談論後現代主義的優點。

但除了討論後現代主義對教會可能有的貢獻外，作者也旁及這思想可以怎樣幫助基督徒與非信徒交往。首先，正如作者在第二章指出，德希達的洞見讓我們明白，所有人都是透過一個詮釋框架來看世界，每個人都帶著一套最終的前設來經驗世界；因此基督徒可以毫無愧色地提出我們特有的基督教前設，供別人驗證、考慮。而且，由於利奧塔已經表明，根本沒有中立的公共空間，所以即使是在學術界，基督徒也可以大膽地提出基督教的觀點。其次，由於一切都是詮釋，基督徒不能主張，基督教的論述是客觀真理，而其他宗教的論述則只是詮釋。這樣我們便可以避免那種惟我獨尊、高高在上的心態。我們的公共神學也可以有某種謙卑，在與信奉其他宗教的人士交往，及向他們作見證時也會有好處。這就是我所說的不亢不卑。

其實，譯者也需要不亢不卑。長久以來，譯者的地位都相當低。美籍意大利裔翻譯學者凡努蒂（Lawrence Venuti）一本研究西方翻譯史的書便以《譯者的隱身》（*The Translator's Invisibility*）為書名。譯者不受重視，中外皆然。甚至譯者自己也輕視翻譯。即使連林紓這樣以翻譯聞名的人，在聽到別人稱讚他的譯作時，反應竟然是說他的創作更出色，為甚麼對方不稱讚他這方面的成就。以前很多譯作更不會標明譯者是誰。

有一段很長時間，翻譯研究的焦點都落在原著上，譯者幾乎是沒有人理會的——除了指出他們應該具備甚麼條件，應該怎樣進行翻譯外。但大約到了二十世紀七十年代，西方的翻譯理論開始出現轉變，學者開始將注意力轉向譯語文本。到了八十年代，翻譯研究更明顯出現後現代轉向，譯者的角色開始受到重視。解構理論、女性主義和後殖民主義等理論也消解了原作至高無上的地位，並大大提高了譯者的主體性。國內也有從事文學翻譯的學者提倡所謂「優勢競賽論」，鼓吹文學翻譯作品應該與原作競賽，以超越原作為目標。譯者不再是臣服於原作之下的僕人。但這類譯論卻似乎有點矯枉過正，譯者彷彿可以不理原著，自行創作。雖然華人翻譯界的確不乏這類創作（箇中原因相當複雜，包括政治因素、譯者水平、譯者職業道德、甚至是編輯的問題），但原作畢竟有相對確定的意義，相對確定的風格，是翻譯的依據，譯者根本沒有自由肆意更改。

今天譯者的地位已經大大提高，書籍大都標明譯者是誰。譯者也應該自重，對翻譯不能掉以輕心。翻譯畢竟要向原作作者和譯作讀者負責，譯者既不能歪曲原作，也不能將原作譯得不堪入目。但這並非表示譯者完全沒有自己的身分，自己的面目。因為無論如何，譯者都難免在譯作中流露自己的風格，譯者也只能根據自己對原作的理解來翻譯。稱職的譯者大概應該好像國內的翻譯學者羅新璋所説：「不是拜倒在原作前，無所作為，也不是甩開原作，隨意揮灑，而是在兩種語言交滙的有限空間裏自由馳騁。」

至於那個有限的空間究竟有多大，不同的譯者會有不同的看法。我傾向認為那個空間是頗為狹窄的。因為我相信原作的內容和形式都十分重要，而且兩者緊扣在一起。所以譯者不能在譯作中只傳達原作的內容，對形式卻不加理會。也正因為有這兩重限制，譯者的自由度並不大。當然，由於兩種語言之間往往存在重大差異，譯者需要變通，但限制依然存在。也正因為有這樣的限制，翻譯是相當吃力的工作，譯作往往也和原文創作不同，顯得「混雜」也是常態。很多人都喜歡根據翻譯是否像原文創作來判斷譯作的水準。不少人讚賞譯作時都會説譯作讀起來好像是原文創作一樣。但近年翻譯學界的研究發現，即使是提倡這種翻譯的人，自己根本也做不到；而如果譯作真的譯得好像是原文創作，則往往已經大大偏離了原文。

因著以上的理解，我翻譯時考慮的是原作和譯本的讀者。一方面我會盡力傳達原作的內容和形式；另一方面我也會考慮譯作的讀者能否理解。所以譯文的準確、流暢和通順都是我考慮的因素。但我卻不會刻意將譯文變得像原文創作，也不會故意在譯作中留下自己的印記，雖然我也知道我的譯作難免有我自己的行文風格。我相信不亢不卑的譯者就是這樣。至於我能否達到這個目的，則有待讀者評價。身為譯者，我不可能客觀地評論自己的譯作。

最後，我想簡單交代一下這本書兩個頗為重要的詞語的中譯，因為我的翻譯和坊間流行的不同。第一個是metanarrative，大多數人都將這個詞翻譯為「後設敘事」，原因很可能是因為meta這個前綴的確可以譯作「後設」，而metafiction的中譯正是「後設小説」。但正如本書的作者指出，metanarrative是譯自法語的*grand reçits*，意思是大故事。所以我認為更正確的翻譯應該是「宏大敍事」。另一個詞是radical orthodoxy。坊間大多將這個詞譯作「激進正統主義」，但我向原作者查證後，確定這裏的radical全無「激進」之意，而是指root（根源），所以我將這個詞翻譯為「本原正統主義」。希望這兩個譯名有助澄清思想，避免誤解。

陳永財
二〇〇七年二月

前言

致讀者

讓我交代一下我心目中的讀者和我的做法：雖然我十分希望處理哲學潮流和觀念（好像薛華〔Francis Schaeffer〕正面迎接觀念一樣），而我從事的職業和接受的訓練都是哲學（雖然我在過去十多年也參與教會事工）；但這本書主要不是為了哲學家或神學家（雖然他們可能覺得這本書有趣），而是為了學生和實踐的人而寫的，也就是為那些嘗試在後現代世界中找出對有關問題的方向，以及在文化交往的前線工作的人，包括牧師和青少年牧師、校園牧者和崇拜領袖、神職人員和平信徒事奉人員以及受訓從事這些行業的人。這本書的內容原本在蔭庇所（L'Abri）發表，它也適合那些在追尋意義時嘗試在後現代地帶航行的尋道者。對這些人，我想提出，與後現代「靈性」那反建制頗為不同的是，實際上是健全、有活力的禮儀教會可以在後現代世界，並向這個世界說出意義。我以以上提到的讀者為對象，沒有假設他們有任何哲學知識，也避免陷入文本闡述之中。雖然追溯觀念的源頭，第一手地聆聽理論家的話都是重要的；但我儘量減少腳註和引文，只集中討論他們提出的觀念和主張。當然，出處和與其他文獻的參照幾乎可以無限地擴展。但我不想以大量腳註令讀者分心，而是附上一個進深閱讀的書目，有興趣的讀者也可以從中找到我對這些問題更富學術性的討論。

致謝

對我這個作者來說，這本書是一份禮物，是兩條非常深遠和豐富的河流交滙時發出的美好光輝。那兩條河流是加爾文學院（Calvin College）哲學系的遺產和瑞士「蔭庇所團契」（L'Abri Fellowship）的傳統。這本書的主要部分最初在二〇〇三年夏天，在由薛華夫婦（Francis and Edith Schaeffer）成立的研究中心「蔭庇所」以一系列演講的形式發表。我有機會發表這些演講，是因為加爾文學院的哲學系與蔭庇所有合作關係，學院的教員和學生定期到訪瑞士。我很感謝哲學系，特別是哈迪（Lee Hardy），讓我有機會到訪「蔭庇所」；也要感謝吉姆和蓋爾·英格拉姆（Jim and Gail Ingram）的款待，以及「蔭庇所」仝人歡迎我太太迪安娜（Deanna）和我。「蔭庇所」的教員和學生都提出了深思的問題和洞見，幫助我澄清我對這本書研究的問題的思考。

在準備這些演講的整個過程中，我都深深感到自己是站在巨人肩頭上的侏儒。一方面，發表這些演講是給我還債的機會。我走上研究基督教哲學這條路，是因為在大學一年級時接觸到薛華的著作。能夠藉著在原本的演講，然後又在這本書中繼續進行哲學思考、文化分析和聖經辨識，從而延續薛華著作的傳統;是嘗試感謝和尊崇薛華的遺產——即使我將那遺產帶到薛華不會帶到的方向。另一方面,我對自己成為加爾文學院哲學系遺產的一部分感到榮幸,這份遺產吸收的傳統來自好像耶勒瑪(Jellema)、朗納(Runner)、莫維(Mouw)、柏庭格(Plantinga)和沃特斯托夫(Wolterstorff)等人。我也要特別感謝現在和我一起在哲學系任教的同事,他們歡迎我,也鼓勵我努力。

將原本的演講轉化為這本書時,也得益於幾位朋友的慷慨。他們花時間閱讀本書的手稿,提出意見和批評。這些意見和批評無疑改進了這本書,但也有些地方是因為我太固執,不願意接受他們的意見。我要感謝弗蘭克(John Franke)、麥拉倫(Brian McLaren)、范格寧根(Bill VanGroningen)和赫斯克勞(Geoff Holsclaw)這樣實質地表達他們的友誼。

最後,我很感謝家人持久的支持,以及令我維持札根於信仰和實踐的現實。這本書帶來我和迪安娜在瑞士和法國那特殊經歷的特別回憶,是我永遠都不會忘記,也永遠都會珍惜的。這本書關心的問題,很多都源於在後現代文化養兒育女的挑戰,特別是第四章關於欲望的形成的思想。我將這本書獻給我第二個兒子科爾遜,他對托爾金(Tolkien)、阿瑟王(King Arthur)和中世紀的興趣刺激了我對古代—將來的靈敏。我祈求他會繼續尋找聖杯。

第二章和第三章的部分材料在《基督教與後現代轉向:六個觀點》(*Christianity and the Postmodern Turn: Six Views*, ed.

Myron B. Penner〔Grand Rapids: Brazos, 2005〕)中以一個較早的形式出現，蒙編輯及出版社准許將那些材料收錄在這裏。

目錄

1

魔鬼是否來自巴黎？

後現代主義與教會

後現代主義好像變色龍，有人形容它是怪獸，有人說它是救主；它要不是仇敵的新面貌，便是將會來到，差不多最好的東西。這一章介紹後現代主義這個現象向教會提出甚麼問題，並提議一個對待後現代主義的策略，是能夠避免將後現代主義妖魔化或神聖化這種簡單的二分法的。

揭起帷幕：《22世紀殺人網絡》(*The Matrix*)

「歡迎來到**真實的**世界。」[1]尼奧(Neo)從在母體(matrix)的囚禁中出來後，莫斐斯(Morpheus)以這句話歡迎他。母親是一個由機器設計的活性神經模擬綜合體(neural-active simulation complex)，用來控制人類。雖然尼奧從後末日的世界的裝飾中逃脱出來，但那場景實際上重演了其中一個最古老的哲學比喻：從柏拉圖(Plato)的洞穴中走出來。在柏拉圖的《共和國》(*Republic*)中，蘇格拉底(Socrates)講述羣眾怎樣受到影像和影子的世界奴役，就好像被鐵鍊鎖在洞穴的深處之中，頭部被固定在一個位置。由於有這些限制，他們只看到影子在洞穴的牆上跳動，這些影子由一團小小的火將他們後面的牆壁面前的木偶和人工製品投影而形成。被囚禁在洞穴中的人一直都只知道有這些影子，以為影子就是真實，直到其中一個人得到釋放。這個獲釋的囚犯從顯示影子的牆壁轉過來，開始走出洞穴，慢慢走向上面的世界。轉過身來時，這個人便立即發覺那些影子只是後面的木偶和剪圖投下的影像。他經過木偶和剪圖，經過洞穴裏的火，漸漸從地下的幽禁中走到白天的光明和上面的世界。

最初，那經驗令他困惑和眼花繚亂；太陽光令習慣了黑暗的眼睛看不清東西。事實上，真實世界的光令從未見過這光的眼睛感到疼痛。這個獲釋的囚犯最初不能正眼看東西，只能夠靠看地上的影子和水裏的影像在世界摸索著走。但這些影像不是由複製品或剪圖，而是由物體本身投影。事實上，從洞穴中走出來的經驗，漸漸顯示囚犯以前以為是真實的事物，實際上只是現實的影子，是複製品的複製品。在上面的真實世界，他不單可以看到樹的影子，而不是樹的影像的剪圖，更可以看到樹木本身。在獲釋前他感到荒唐可笑的事情——他出生的世界，他整個環境都不是真實的——現在卻是清晰的。更清晰的是這個囚犯現在必須做的事：回到洞穴，釋放他的同伴，向他們宣告甚麼才是真實的真相。

華卓斯基兄弟（Wachowski brothers）的《22世紀殺人網絡》中的尼奧是柏拉圖故事中那個囚犯的後現代版本。他整生都被囚禁在某種監獄中，那是一個容器，裏面裝著類似子宮裏面有的液體，他從軟管中得到營養。在他面前跳動的不是陰沉、黑暗的影子世界，而是一個彩色的現實，有高樓大廈、咖啡店、電腦和夜總會。放映這一切的「牆壁」在尼奧思想裏面，在那裏一個由「活性神經模擬」的程式將一個影像的世界直接植入他意識之中。因此，雖然這些囚犯實際上被囚禁在容器裏，在那裏他們被「收集」能量藉以推動人工智能，但他們卻相信自己是別人，身處另一個地方。雖然尼奧的身體被連接到一個纜索和軟管的系統，但他卻以為自己是安德森（Thomas Anderson），一間正在擴展的科技公司的一個平凡僱員。

莫斐斯以解放者的身分接觸尼奧。他知道真相，可以下到洞穴深處的黑暗釋放別人。雖然莫斐斯在母體中見尼奧，他和他的隊員卻可以將尼奧的身體——真實的他——從容器中釋放出來。當尼奧那有疑問的心不再接受母體，也就是那活性神經模擬（有點像身體拒絕移植的器官那樣），那個系統便將他從容器中沖走，就好像沖走廢物一樣。莫斐斯和他的隊員抓著尼奧，將他從黑暗的地牢中提升到現實那明亮的光中，戲劇的表現形式是尼奧的身體從黑暗的洞穴被吊到光明的隧道中，那隧道由尼布革尼撒（*Nebuchadenezzar*）這條船照亮。尼奧醒來時，莫斐斯迎接他說：「歡迎來到真實的世界。」尼奧的神志一時清醒，一時又模糊，他問道：「為甚麼我的眼睛那麼痛？」回答是：「因為你以前從未用過。」這樣缺乏使用，需要十分嚴格的復康療程。尼奧一口氣提出一連串問題，得到一大串令他困惑的回答，使他感到暈眩，並因為迷失方向而嘔吐。要適應真實的世界實在不容易。

包括教會在內的當代文化也經歷了類似的迷失方向和重定方向。這本書以一個轉折為焦點。這種轉折和尼奧經驗的有點相似：從一個地方出到另一個地方，從一個對現實的建構去到另一個對現實的建構，從現代去到後現代。雖然我們可能沒有這樣稱呼，但我們對文化轉移和改變的經驗可以追溯到後現代的來臨，以及後現代主義對我們的流行文化那種滴入影響（trickle-down effect）。這個轉折幾乎令我們以前十分肯定的一切都變得成疑，並匆匆發出一種被過分輕易地等同這種笛卡兒式「確定」的信心——有時是以一種迷惘的方式發出。好像尼奧的經驗，我們進入這個新境況時，產生許多問題和一種迷失的混亂感覺。正如尼奧的心在這新的現實中暈頭轉向時，莫斐斯向他說：「我想像你現在的感覺一定有點像愛麗斯跌進兔子洞一樣。」或者正如奧登（W. H. Auden）描述這種文化動亂時曾經說過：「就好像我們離開自己的房子五分鐘去寄一封信，期間客廳和火爐那邊的鏡子後面的睡房調換了位置。」[2]如果我們以為是真實的影子被揭露為只是影子，我們不是有時感到彷彿整個世界都在瓦解嗎？即使我們感到這是「真實的世界」，正如莫斐斯宣告那樣，我們也不能肯定怎樣在其中前進。

雖然我不想承繼莫斐斯的衣鉢，但我盼望能夠提供某種治療和康復，讓我們在後現代世界確定方向，而後現代世界就是我們活在其中的世界。

甚麼是後現代主義？

當代教會視後現代主義這個觀念為既是毒藥又是良藥。對一些人來說，後現代性是基督教信仰的禍根，是新的敵人，取代了世俗人文主義（secular humanism）作為恐懼的對象和妖魔化的主要目標。[3]另一些人則視後現代主義為一股聖靈的清風，要來令教會的枯骨重生。[4]這對「冒起中的教會」運動（與麥拉倫、斯威特〔Leonard Sweet〕、韋伯〔Robert Webber〕等人有連繫）尤其真確。這個運動嚴厲批評實用福音主義（pragmatic evangelicalism）的現代性，尋求為後現代世界重組教會的見證。不過，在兩個情況下，後現代主義都依然是一個模糊的觀念——一隻逃避我們理解的狡猾野獸。或許更恰當的說法是，後現代主義傾向成為一條變色龍，我們希望它有甚麼特色，它便有甚麼特色：如果我們視它為敵人，它便會被界定為怪異；如果我們視它為救主，它便會被界定為救贖。這種含糊性傾向令我們——基督徒學者、牧師和傳道人、參與事奉的平信徒——對我們在談論甚麼感到懷疑。**後現代主義是甚麼？**

關於這個問題的答案，人們有時以歷史命題的形式提出：後現代主義被描述為一種**後**—（之後—）現代狀況，有時甚至連繫到某件歷史事件，例如一九六八年的學生暴動，放棄黃金本位制，柏林圍牆倒下，或更具體地，是一九七二年七月十五日下午三時三十二分！[5]每件被指為帶來後現代主義的事件都有賴一個假設為現代的崩潰的描述。嘗試藉著將後現代狀況的來臨與某歷史事件、特定事件、甚至特定文化領域（建築、文學、音樂、視覺藝術）連繫起來，從而準確描述它的來臨，似乎只有反效果，因為人們對這些歷史的宣稱有重大分歧。而且，以為好像後現代主義這種時代精神（*Zeitgeist*）可以由單一事件引發似乎是天真的想法。

我不會嘗試確定後現代主義的歷史根源或本質，而會闡述一個大部分評論者都同意的假設：後現代主義，無論是怪物還是救主，都是懶洋洋地從巴黎走出來的東西。後現代主義的動力特別來自法國哲學的影響。雖然不同學科（建築、藝術、文學、神學）的大部分評論者都承認這點，但他們很少人熟悉哲學，或特別是法國哲學。換句話說，我們傾向同意法國哲學是理解後現代主義的關鍵，但卻沒有研究那哲學基礎。例如：麥拉倫經常提到哲學，但卻又說它「過分遠離日常生活」，或者對理解與「哲學後現代主義」不同的「後現代性」來說並不是必須的。[6]但我想追隨薛華的做法，認真看待哲學，因為它對日常生活有影響。「觀念是有腳的」，即使在娛樂的文化中，也有模塑娛樂的思想。

正如薛華在《理性的規避》（*Escape from Reason*）的序言指出：「如果我們要明白今天的思想潮流，我們必須從歷史角度明白怎樣發展成現在的情況，並詳細一點研究哲學思想—形式的發展。」[7]在《永存的神》（*The God Who Is There*）中，薛華分析說現代的轉移是始於哲學（「絕望的行列」的「第一步」）；因此對薛華來說，文化現象是哲學轉移的徵狀，而不是文化現象帶來哲學轉移。在《永存的神》或《理性的規避》中那些嚴謹的文化分析中，薛華提出我們可以稱為哲學影響的滴入理論：文化現象傾向最終反映出哲學運動。或許我對哲學後現代主義的分析可以理解為對麥拉倫對後現代性的分析一個必須的補充（或更好的是，一個先決條件）。[8]

因此，在這本書中，我想採用薛華式的策略來考慮後現代主義。[9]這樣，我視這本書為薛華與人文主義和存在主義（existentialism）交往的延續；後現代主義（一個在法國很少人使用的詞語）從某意義來說繼承了存在主義。我所謂的薛華式策略，至少包括兩個含義：首先，我們需要回到哲學來理解後現代性。雖然作為文化現象的後現代性往往與作為哲學運動的後現代主義有分別；但我同意薛華的見解，文化現象傾向成為哲學運動的產物。我們藉著認真看待觀念而認真看待文化。第二，我的策略是「薛華式」，意思是我的主要讀者不是哲學家，而是實踐的人—— 更具體地說，是在後現代世界參與事奉的基督徒，以及在後現代世界中尋根究柢的居民。這樣，這本書的幾篇文章本身並不是學術著作；它們的目的是向通常不在哲學潮流中行走的人介紹哲學潮流。因此，我儘量避免使用哲學術語。在需要使用特別的用語時，我總會在上下文加以解釋和澄清。我視這為**具體化**策略，嘗試將思想配合讀者能夠明白的語言,正如加爾文(Calvin)往往強調,神在基督裏以祂的思想配合我們的語言,以聖言的身分出現,讓我們能夠明白一樣。[10]

我的卑微目標是嘗試闡明後現代主義背後的哲學推動力,而我的策略是引入某種後現代思想家的非神聖三位一體:德希達(Jacques Derrida)、利奧塔(Jean-François Lyotard)和福柯(Michel Foucault)。雖然可能不是每個人都熟悉他們的名字,但他們思想的主要方面,現在不單在學術圈,而且在傳媒中也是尋常的事。我會特別仔細研究後現代主義三句與這幾位哲學家有關的口號:

- 「文本以外無一物」(德希達)
- 後現代性是「對宏大敍事存疑」(利奧塔)
- 「權力就是知識」(福柯)

人們通常都援引這三句口號作為與認信基督教信仰互相排斥。接受聖經那無所不包的敍事為神的聖言的人怎能拒絕宏大敍事?相信有超越的神存在,並相信祂的創造的人,怎能否認文本以外還有現實?敬拜身為愛的神的人怎能參與尼采式的歡慶,以權力意志(will to power)*作為現實的基礎?

問題是所有這些疑問都源於對那幾句宣稱的錯誤理解。換句話說,這些口號(作者從來都無意以它們作為口號)被當為好像汽車保險杆上的小標語一樣,成了沒有背景的宣稱。不過,一

* **譯按:**權力意志:有些學者(例如國內的周國平)指出,將will to power翻譯為「權力意志」不夠準確,更正確的翻譯應該是「強力意志」。翻譯為power的德語詞是Macht,有力量、能力、權力、強力等意思。這裏從俗用「權力意志」這個翻譯,因為大多數人都將福柯的「Power is knowledge」翻譯為「權力就是知識」。

旦我們明白這些宣稱的背景，便會看見兩件事：首先，它們的意思和將它們當為「小標語」來理解是不同的。那種理解將這些宣稱變為口號，傾向保存好些關於後現代主義的神話。我的目標是藉著指出我們認為是所謂後現代主義者所說的話，通常往往與事實不符，從而解除後現代主義的神話。第二，或許更刺激的是，我會顯示，事實上所有這些宣稱都和主要的基督教宣稱有很密切的關係。

這樣，第二至四章的研究是要作為兩刃劍。一方面我會批判地向基督徒介紹往往被稱為後現代主義的當代思潮。這便需要根據整體的基督教世界觀來批評這些觀念。但這幾章也會從另一面切入；我也會批評基督教對後現代主義常見的誤解，並提出在某些方面，後現代性是基督徒應該歡迎的狀況。好東西也**可以**來自巴黎。這樣，我只是重演一個希伯來人的策略。這個策略後來由奧古斯丁採納，並被加爾文和該柏爾（Abraham Kuyper）等人運用，那就是從埃及帶走戰利品。正如奧古斯丁在《教導基督教》（*Teaching Christianity*；*De doctrina christiana*）中寫道，就好像希伯來人帶著埃及人的黃金離開埃及，將那些黃金用來敬拜耶和華（即使他們有時誤用了那些黃金）一樣，基督徒也可以在非基督教思想中——無論是柏拉圖還是德希達——找到資源，是可以為神的榮耀和推動天國服務的。這本書是嘗試為了天國而帶走後現代的戰利品。

我會特別提出德希達、利奧塔和福柯這非神聖的三位一體實際上可能推動我們恢復一些關於教會本質的真理，這些真理在現代，更特別是在基督徒挪用現代主義後被掩蓋了。後現代主義成為基督教會假想的怪物，其中一個原因是我們已經變得徹頭徹尾地現代。但雖然後現代主義可能是我們現代性的敵人，但它也可能是我們古代遺產的同盟。簡單來說，這幾個巴黎人可能可以幫助我們**作為**教會。特別是這些後現代理論家的每一個分析對教會都包含兩重影響：

- **德希達**。解構宣稱「文本以外無一物」〔*il n'y a pas de hors-texte*〕可以被視為宗教改革唯獨聖經（*sola scriptura*）這個原則的激進翻譯。特別是德希達的洞見應該推動我們恢復教會兩個主要的強調：（1）聖經對傳遞我們對世界作為一個整體的理解的重要性；以及（2）羣體在解釋聖經方面的角色。
- **利奧塔**。後現代性是「對宏大敍事存疑」這個主張最終是教會應該肯定的宣稱，它推動我們恢復（1）基督教信仰的敍事特質，而不是將這信仰理解為觀念的集合；以及（2）我們敍事的認信性質，和我們怎樣發覺自己身處有互相競爭的敍事的世界之中。
- **福柯**。「權力就是知識」這個似乎令人困擾，甚至是尼采式的宣稱應該推動我們明白「音樂電視」（MTV）早已明白的事情：（1）文化在模塑和規訓方面的力量，並因而明白（2）教會必須藉著反規訓實行反模塑。換句話說，我們需要將規訓想成有創造力的結構，需要正確的指引。福柯對身為門徒是甚麼意思，可以告訴我們一些事情。

當然，由於這幾位理論家都不是基督徒，我們也應該預期他們與我們會有一些基本的分歧，我們也需要批評他們的一些結論。

本書每一章都採用相同的策略來介紹這些後現代思想家和理論，並會以簡短地討論一齣電影作為開始，藉以說明一些需要處理的問題。電影不單是美國文化，也愈來愈是全球文化新的通用語言。而且它也是十分有力的「具體化」媒介，可以反映我們世界的現實，以命題和教科書不可能有的方式開啟我們的經驗。因此，關於電影的討論是要激發我們的好奇心——令我們提出這些後現代理論家提出的問題。接著，我會介紹每一個人物的主要宣稱，藉著研究作者提出有關宣稱的著作的背景，解釋他們説了甚麼。這需要做一些澄清的工夫，特別是面對關於這些宣稱的常見誤解，尤其是在基督徒神學家和基督徒工作者中的誤解。接著，我們會探討這些宣稱對教會有甚麼含義——包括教會的神學和實踐（兩者永遠都不應該分開），最後我們會就後現代教會的存在方式提出建設性的結論。

因此，每一章都以「參觀」一間後現代教會作為結束。在研究過德希達、利奧塔和福柯的思想後，每一章都以一個個案研究作為結束，考慮教會近年為了回應後現代狀況而有的發展，例如冒起中的教會運動。在麥拉倫、斯威特和其他人的著作中，我們看到基督徒思想家和工作者特別嘗試使文化轉變適應後現代性。這些大膽的探索者是其中一些最早為教會繪畫後現代地形的人。由於我們與後現代性的主要理論家交往，我們會批判地研究這些探索者對後現代主義的解讀，以及他們對後現代教會的存在方式提出的建議。正如讀者將會清楚看到，雖然我十分認同他們的關注，但有時我也認為他們的建議仍然太受現代主義的策略控制。[11]我會論證説後現代教會最好是變得古老，接觸後現代世界最有力的方法是恢復傳統，最有效的門徒訓練法可以在禮儀中找到。每次參觀後現代教會，我都會具體指出，關於我們應該怎樣崇拜，德希達、利奧塔和福柯可能有甚麼意義。

深思地與後現代主義交往會鼓勵我們回頭看。我們會看到在後現代哲學的旗號下，往往有一隻眼睛看著古代和中世紀的資源，並重要地重拾前現代的認識、存在和行事方式。古代和中世紀的資源提供在對抗現代時很有用的抗衡聲音。[12]因此，德希達不斷與柏拉圖（後來還有奧古斯丁）交往，利奧塔研究部落文化，福柯考察古代的規訓實踐。後現代主義在不致變得保守或以「原始正統」（paleo-orthodoxy）的名義恢復一種（神祕的）原始傳統下，確實展開某種對古老主題和人物富創意的恢復。[13]構成第二至四章的三個研究，為最後一章作準備。在那裏我會提出最堅定的後現代主義應該產生強烈的認信教會，這教會吸收教會的崇拜和門徒訓練那些十分獨特（但卻是大公）和古老的實踐。換句話說，後現代批判的惟一恰當結果是「本原正統主義」，而如果冒起中的教會從毫無愧色的教義學（這不是偏激的基要主義）退縮，它仍然會被現代性的夢想、野心和懷疑主義控制。因此，第五章會研究為甚麼成為後現代的最好方法是成為古代，而在後現代世界宣告基督教信仰的最好方法不是安靜、受到抑制的羞怯，而是毫無愧色地在羣體中具體地委身於公義。[14]

後現代世界中的護教和見證

談論「後現代主義」，可能給人一個印象，以為我們在描述一種獨立、獨特的現象，好像一張桌子或一隻杯。而且，我們很容易想提出，隨著後現代來臨，一切都改變了。但這兩者都不是事實：後現代主義公認是多形式和多樣化的現象。後現代主義也沒有清楚地與現代主義分離。現代和後現代之間既有延續性也有中斷。最重要的延續性是兩者都否定恩典；換句話說，現代和後現代的特點都是對自足和深刻的自然主義（naturalism）抱好像偶像崇拜般的觀念。[15]留意這神學上的延續性，也可以看到哲學和文化上的延續性；因此後現代往往是現代的強化，特別是關於自由的觀念、科技的使用等。

這些延續性以兩種方式影響以下討論：首先，我傾向強調現代和後現代之間的中斷。我明白，而且在其他地方也論證說，現代和後現代思想之間有深刻的延續性，特別是在德希達和福柯的著作中，他們兩人都承認，在重要的意義上，他們是啟蒙思想家。[16]不過，他們也在重要的意義上是現代的批評者，因此後現代主義也在某些方面與現代主義分離。在這本書提出的分析中，我對這種斷裂可能可以恢復更健全——和現代性較弱——的基督教信仰特別感興趣。

這引致我的第二個強調：後現代主義和正統基督教信仰之間的延續性。[17]德希達、利奧塔和福柯的很多著作都應該受到批評，特別是從基督徒的角度提出。不過，在這裏，以及從原本構成這本書的演講那個背景來說，我似乎需要強調後現代主義與歷史、正統的基督教信仰的重疊之處，特別是因為我在某意義上在延續薛華的遺產。要這樣做，便需要以好像薛華將基督教信仰建構為「真理系統」[18]那樣，對抗潛在的現代主義。我不想在這個問題上明確地批評薛華，而是想表明，可能令薛華驚訝（和懊惱）的是，好像德希達和福柯等後現代主義者的宣稱，與薛華自己對知識和真理的論述有共通之處（只要薛華承認前設的角色）。[19]雖然薛華通常專注於指出譬如說存在主義和基督教信仰之間的不連貫，但藉著找出基督教和非基督教思想之間的接觸點，從而找出「張力所在」也有好處。而要看到這種延續性，我們可能需要放棄自己的一些現代的前設。如果我們不明白罪對理性的影響，我們的基督教信仰——以及相關地，我們對護教學的描述——都受到現代主義污染。如果我們忽略這影響，便會採納啟蒙的樂觀主義，在認識真理時假設有中立的理性。[20]（我們結果只會信奉「君士坦丁式」策略，在自然律的旗號下，尋求建立一個「基督教的美國」）。

用我們更熟悉的話來說，古典護教學以對理性非常現代的觀念來運作；另一方面，「前設性」護教學則是後現代（和奧古斯丁式！）的。這在於它在被算為真理和被認出為真的事物中都看到前設的角色。因此，後現代主義可以成為催化劑，讓教會恢復信仰作為一個故事，需要「用眼睛去看和用耳朵去聽，」而不是由中立的理性支配的真理系統。因此，教會身為見證的主要責任，不是證明而是宣告——宣告聖言成了肉身這宣講的志業，而不是由假定是中立的理性產生的關於有神論的薄弱事實。

用另一個方式表達，除非我們的護教宣告由啟示開始，否則我們便是將遊戲交予現代。在這方面，我站在帕斯卡（Blaise Pascal）這位更早期的巴黎哲學家和原始後現代主義者那邊。他堅定地提出異議，表示在道成肉身和聖經中反映的神——亞伯拉罕、以撒和耶穌的神——需要從哲學有神論那（現代的）神區別出來。但更重要的是，這種新的——實際上是古老的——護教學是由一個羣體的生活方式宣告出來。[21]正如利哈特（Peter Leithart）指出：「福音的第一個主要辯護；不單對保羅，也是對耶穌來說的第一封『推薦信』；不是辯論，而是教會的生命，在服事和苦難中由聖靈使之配合基督。」[22]教會**沒有**護教學；它本身就**是**護教學。

從現代基督教到後現代教會

如果我反對困擾現代基督教的認識論或知識的理論，那麼我也反對伴隨著信仰這個現代版本的教會論（或教會論的闕如）。在現代基督教的模型中，基本的「元素」是個人；因此教會只是眾多個人的集合。現代福音派視基督教信仰為個人與神之間的私人事務——是關乎我要求耶穌「進入我內心」的事情，他們很難清楚講述除了提供一個地方，讓我們和其他與神有私人關係的個人團契外，教會怎樣或為甚麼還有其他角色。有了這個模式後，重要的是基督教作為一個真理或觀念的系統，而不是教會作為一個體現它的領袖的活生生羣體。現代基督教傾向將教會想為一個讓個別人士來找答案的地方，或者是讓個別人士嘗試滿足自己的消費欲望的另一個站。這樣，基督教變得理智化而不是具體化，商品化而不是真正羣體的所在。

不過，在討論從現代演化到後現代的基督教信仰時，我很少談及基督教，我甚至抗拒談及身為個人的基督徒；我傾向談及教會——實際上更是大寫的教會（Church）。我希望宣揚由現代的基督教轉移到後現代的教會，有點像尼奧經歷的範式轉移。我的意思是認信性的：正如使徒信經表明那樣，我相信神聖大公教會，我相信神聖大公教會這個觀念解除現代的個人主義，這種個人主義危害當代的福音主義（evangelicalism）。[23]事實上，我們最好能夠恢復一個備受詆蔑的表述：「教會以外無救恩」。這並非表示某個特定教會羣體負責分發恩典或仲裁救恩；而是表明在基督的身體——也就是教會——以外根本沒有基督教。那身體是新約羣體的和諧模範，抗衡現代對個人的強調。

教會並非**為**我而存在；我的救恩主要不是關乎在理智上的掌握或感情上的滿足。教會是神更新和轉化我們的地方。在這個地方，作為基督身體的實踐模塑我們成為聖子的形像。我這個藉著恩典得救的罪人需要的是改造我的意志和內心多於得到答案。我所謂教會的實踐包括洗禮和聖餐這些傳統的禮儀實踐，[24] 但也包括基督徒婚姻和養育兒女，甚至友誼和蒙召與自己不喜歡的人相處這些簡單但徹底的實踐！例如：教會是透過操練學習忍耐的地方。由作為教會的實踐種下的種子，在我們生命中演變成聖靈的果子；而當教會開始展露聖靈的果子，便成了對後現代世界的見證（約十七章）。在獻身於消費和暴力的世界中，沒有甚麼比服事受苦的僕人的羣體更反文化。但教會只有在放棄它自己的現代性時，才能夠有這種反文化、先知式見證；在這方面，後現代主義可以是另一種催化劑，讓教會**作為**教會。

註釋：

1 *The Matrix*, DVD，由Andy和Larry Wachowski編劇及導演（Burbank, CA: Warner Home Video, 1999）。

2 W.H. Auden, "If, on account of the Political Situation," 來自*The Complete Works of W.H. Auden* (Princeton, NJ: Princeton University Press, 1988)。

3 例如：參Charles Colson, "The Postmodern Crackup: From Soccer Moms to College Campuses, Signs of the End," *Christianity Today*, December 2003, 72。也參Millard Erickson, Douglas Groothuis和D.A. Carson的著作*The Gagging of God: Christianity Confronts Pluralism* (Grand Rapids: Zondervan, 1996)和*Becoming Conversant with the Emerging Church: Understanding a Movement and Its Implications* (Grand Rapids: Zondervan, 2005)。

4 例如：參Brian D. McLaren, *A New Kind of Christian: A Tale of Two Friend on a Spiritual Journey* (San Francisco: Jossey-Bass, 2001); 和*The Church*

on the Other Side: Doing Ministry in the Postmodern Matrix (Grand Rapids: Zondervan, 2000); Leonard Sweet, *Soul Tsunami: Sink or Swim in New Millennium Culture* (Grand Rapids: Zondervan, 1999); Robert E. Webber, *The Younger Evangelicals: Facing the Challenges of the New World* (Grand Rapids: Baker, 2002)；和Carl Raschke, *The Next Reformation: Why Evangelicals Must Embrace Postmodernity* (Grand Rapids: Baker, 2004)。

5 這是指St. Louis的Pruitt-Ingoe房屋發展計劃（Le Corbusier的「現代生活機器」的一個得獎版本）被視為對居住在其中的低收入人士來說是不適宜居住的環境，並因而被炸毀的時間。參Charles Jencks, *Le Corbusier and the Continual Revolution in Architecture* (New York: Monacelli, 2000)。

6 McLaren, *Church on the Other Side*, 160；和 *New Kind of Christian*, 19.

7 Schaeffer, *Escape from Reason*，收錄在*The Francis Schaeffer Trilogy* (Westchester, IL: Crossway, 1990), 208。

8 雖然我不能詳細解釋這點，但我們至少需要留意後現代主義作為知識運動，和後現代性作為文化現象薈萃之間一個常見、富啟發性的分別。Derrida的解構和Foucault的權力系譜學是後現代**主義**的例子；青少年沉醉在虛擬現實中，以及商場作為聖殿的勝利則是後現代**性**的例子。雖然後現代主義的哲學潮流和與後現代性有關的文化現象之間有滴入影響，但和文化後現代性的有關的很多東西實際上都是現代性的結果。換句話說，文化現象傾向不（或仍未？）反映後現代主義的激進含義。這可能是因為後現代主義本身從它在知識和文化領域的含義退卻。當代文化的個人主義和消費主義有深刻的現代根源。相對主義也源於現代主義多於後現代主義。在這本書，我主要討論後現代主義的知識潮流，但關於可以正確稱為後現代的文化現象，仍然有重要的問題需要提出。

9 在這方面，McLaren也以Schaeffer作為模範。他引述Schaeffer向上一代的教會發出的勸告：「我們對年青人所做的其中一件最不公平的事情，就是要求他們保守……如果我們想公平，便必須教導年青人進行革命，對現狀進行革命」（McLaren, *Church on the Other Side*, 16）。

10 我在*Speech and Theology: Language and the Logic of Incarnation*, Radical Orthodoxy Series (London: Routledge, 2002)中更全面地探討具體化語言這個觀念。

11 例如：我們可以視「非宗派主義」為十分現代的現象。我會在第四章進一步討論這個問題。

12 研究中世紀的學者David Burrell提出古代和後現代思想這種共鳴，他指出後現代主義和中世紀神學有密切關係。他提出：「後現代可以翻譯為「反一反中世紀」」（參*Faith and Freedom: An Interfaith Perspective*〔Oxford: Blackwell, 2004〕, 141）。

13 我相信很多人如果知道巴黎的哲學界在Sorbonne的Jean-Luc Marion的著作帶領下，目前流行討論Saint Augustine，會感到很驚訝。

14 我根據這些線索的思想，很大程度上得益於*Robert Webber, Ancient-Future Faith: Rethinking Evangelicalism for a Postmodern World* (Grand Rapids: Baker, 1999)。

15 或者正如Graham Hughes提出，用MaxWeber的話來說，現代和後現代都鮮明地「對世界除魅」（Hughes, *Worship as Meaning: A Liturgical Theology for Late Modernity*〔Cambridge: Cambridge University Press, 2003〕, 2）。

16 例如：參James K.A. Smith, *Jacques Derrida: Live Theory* (London: Continuum, 2005), 3.3.2。

17 我一般都用這個詞來作為植根於聖經，並在歷史的信條和信經中證明的基督教信仰的簡稱。我認為後期的改革宗思想增強了這種信仰。我在這裏的計劃是頗為普世主義的，以後的論述會清楚表明，我認為改革的認信是歷史、正統基督教信仰一個重要的擴展。我不想在這裏進行爭辯，除了它影響認識論（關於知識的理論），因而也影響護教學外。而最終，在這裏重要的是奧古斯丁式的大公神學。

18 參*Trilogy*中「護教學」的附錄。

19 這個問題是有爭議的，而即使在明確處理這個問題時，薛華的態度仍然是含糊的，有時傾向更古典的取向，不認真看待知識上的前設。薛華自己的改革神學削弱古典的護教學，這在於這神學支持「罪的抽象影響」—— 也就是罪在思想上的影響，扭曲算為真實，以及不信的人可以視為真實的東西（羅一18-22；林前二章）。我逗留在蔭庇所期間，有機會細心研究John Owen在十七世紀關於聖靈的經典著作。關於罪的抽象影響，我能夠推薦的最佳著作是他關於"Corruption of the depravity of the mind by sin"的描述（III. iii; *The Holy Spirit*〔repr., Grand Rapids: Kregel, 1954〕, 144-169）。我們在Kierkegaard的*Philosophical Fragments*也找到同一論點：為了認識真理，學習者（門徒）不單必須從教師（神）那裏接受真理的內容，也必須接受接受真理的條件。那條件的分發是聖靈的工作一種恩典的行為。

20 在當代的背景下，我在另一處稱之為「Biola學派」的護教學和基督教哲學體現了這種現代主義。關於簡短的論述，參James K.A. Smith, "Who's Afraid of Postmodernism? A Response to the 'Biola School'," 收錄在*Christianity and the Postmodern Turn*, ed., Myron Penner (Grand Rapids: Brazos, 2005)。

21 有關這種新護教學（跟隨Robert Webber）的進一步討論，參James K.A. Smith, *Introducing Radical Orthodoxy: Mapping a Post-secular Theology* (Grand Rapids: Baker, 2004), 179-182。

22 Peter J. Leithart, *Against Christianity* (Moscow, ID: Canon, 2003), 99.

23 雖然冒起中的教會經常談及羣體，但我仍然關注，我們仍然沒有探討這種談論的徹底含義。冒起中的教會的下一個任務是闡明一種教會論。

24 在這裏我們最好回到John Calvin那豐富的聖禮神學，而不是單薄的慈運理神學，雖然這種神學在改革宗的福音派圈子中似乎佔了上風。

2

文本以外無一物？

德希達、解構與聖經

如果後現代主義有甚麼近乎商標的東西，那就是解構；而如果它有甚麼近乎名人的臉孔，那就是一張來自北非的巴黎人的黝黑臉孔：德希達的臉孔。在這一章，我們會透過德希達其中一句最著名（或最聲名狼藉）的宣稱——「文本以外無一物」，研究解構的中心主題。

揭起帷幕:《凶心人》(*Memento*)

連納有個問題。[1]唔,他有很多問題——相信我吧!——但有一個是最麻煩的:他不記得自己五分鐘前做過的事。自從一宗令他妻子死去的悲劇事件後,連納便不能有新的記憶。他能夠記得意外**前**的一切,因此能夠記得自己的來歷,也能夠過每天的生活:怎樣進食,怎樣駕駛,以及——很重要的——怎樣寫字。[2]但他駕車時,卻記不起自己為甚麼走上車子。他走進餐廳時,也記不起自己為甚麼到那裏。他到餐廳見一個最近認識的人時,記不起她的樣貌。而正如汽車酒店的經理很快便發覺,連納記不起自己租了多少個房間——這讓酒店生意興隆。

那麼,一個沒有短期記憶的人怎樣在世上生活?如果我記不起自己為甚麼登上車子,怎能駕車上班?如果我連別人的樣貌也記不起,怎能結識新朋友?如果我讀完第一章後五分鐘便將內容忘記,怎能閱讀一本書?面對這些挑戰,足智多謀的連納想出一個「系統」;有連納這種問題的人不能生存,因為他們沒有一個系統。那個系統很簡單：**書寫**。連納依賴書寫在存在中定向前行，他利用文本和筆記，加上即影即有照片[3]代替記憶。他的口袋裏裝滿短短的文本，有些寫在餐巾上，有些寫在即影即有照片下面，這一切都提供框架，讓他明白自己的世界。他的口袋裏有他的積架（Jaguar）汽車的快照，下面寫著「我的車子」，提醒他停車場中哪部車才是屬於他的。他以類似方式替自己認識的所有人做記錄。

不過，這個文本和書寫系統基於兩個原則或信念才有效：第一，只可以信任自己的筆迹，要懷疑任何自己不能認得的文字；第二，真正重要的資料不應該寫在餐巾上便放心，必不可少的資料應該寫在身上。所以連納自己就是一個行走的文本，他身上紋滿了提示：關於過去的事情（例如他太太被謀殺）、基本的原則（例如「考慮來源」和「記憶可以騙人」）和關於他正在調查的案件，也就是他太太被謀殺的一些「事實」（連納生存就是為了報仇）。由於連納身上有那麼多知識，他需要花很多時間站在鏡子面前提醒自己他的世界的現實：過去發生了甚麼事（「約翰G強姦和謀殺了我太太」），他正在做甚麼（尋求替太太報仇），他在找誰（在躲藏的「約翰G」），甚麼是事實，他的基本信念是甚麼（「透過重複來學習」，「不要信任自己的弱點」，「攝影機是不會說謊的」等等）。連納和世界的整個關係都由文本作中介：有些文字寫在他身上，更多是匆匆寫下的筆記。這一切都成了他藉以看世界的框架。

如果沒有這些文本，連納簡直不能對世界有任何經驗。隨著時間過去，有經驗也需要有某種能力整合個人的感受。如果我在聽一首U2的歌，為了讓我「明白」那首歌，我需要從頭聽到尾，然後整合我所聽到的東西。連納的狀況令這變得不可能：到歌曲結束時，他已經忘記了歌曲的開頭！連納惟一能夠將自己的經驗——因而是將任何好像是一個經驗世界的東西——拼合起來的方法，是靠一連串對他來說能夠將世界拼合起來的筆記／文本。沒有文本，連納便沒有世界；而如果沒有筆，他便沒有文本。所以如果有人想藉著改變他的世界而操控他，好像妮坦莉（Natalie）那樣，他們只需要將所有筆放進自己的手提包！在發生了令人困擾的事情——連納想記得，但妮坦莉卻寧願忘記——後，沒有書寫工具表示那件事會從連納的世界消失。

當然，這種系統本身也有問題。正如妮坦莉指出：「根據一些紙條生活一定很艱難。如果你將洗衣清單和購物清單調亂，結果便會將內衣褲當早餐吃！」在一個由筆記組成的世界倚賴文本生活，會同時帶來疑惑和焦慮：連納怎能知道他的文本真的代表他思想以外的世界？事實上，這是其中一個惱人的疑問，需要他不斷相信和重申自己的信念。連納的其中一個基本信念是，在他的思想以外**有**一個世界，雖然他需要不斷提醒自己這個信念。正如連納在電影結束（而那是故事的開始）時表白說：「我需要相信有一個在我思想以外的世界。我需要相信我的行動仍然有意義，即使我不記得那是甚麼意義。我需要相信我閉上眼睛時世界仍然存在。我是否相信……？」最終他問自己的問題不是世界是否在他的思想以外存在，而是他是否相信這點。

德希達的宣稱：文本以外無一物

很多人都認為德希達是哲學上的連納；或者反過來說，《凶心人》是一齣「解構」電影。「解構」是德希達在一九六七年創造的詞語。這個詞已經成了美國的日常用語，用來描述的東西，其範圍從建築和音樂錄影帶到清爽萊姆批（key lime pie）都有。人們往往用這個詞作為破壞或批評的同義詞；因此，「解構」有時指拆解、拆毀或一片一片地撕開。但德希達在一九六〇年代後期引入這個詞時，並無意令這個詞主要帶有消極含義，即使他確實有意用這個詞作為某種批評。對德希達來說，解構最終是積極和有建設性的。我們稍後會回到這一點。

連納和德希達之間，《凶心人》和解構之間，究竟有甚麼聯繫？那就是文本或書寫在傳遞或拼合我們對世界的經驗時扮演的主要角色。對連納和德希達來說，語言是世界接觸我們時必須有的過濾。正如連納倚靠寫筆記帶給自己的世界一點連貫性和秩序；德希達也論證說，我們所有人都根據語言（廣義地理解）解釋我們的世界。《凶心人》結束時，連納宣稱自己實際上與任何人都沒有分別。某程度上，這是德希達的宣稱的核心：好像連納一樣，我們在世上生活時都需要「貓紙」。在一本早期的著作（1967年以法語出版）中，德希達寫下這句著名的話：「文本以外無一物」〔*Il n'y a pas de hors-texte*〕。[4]

現在我們必須研究這個宣稱怎樣被那種「標語式」取向誤解。當有人——特別是哲學家——宣稱文本以外無一物時，他似乎在宣稱整個世界就好像一本書——沒有杯子、桌子或配偶。如果文本以外無一物，我們有的就只是文本；而如果我們有的就只是文本，我們便沒有物件。換句話說，德希達好像一個高度抽象的唯心主義者（好像貝克萊〔Berkeley〕），宣稱沒有物質事物，只有神思想中的觀念。這樣，很多人都將德希達理解為語言上的唯心主義者，他認為只有語言，沒有事物——只有文本，沒有杯子或桌子。基督徒，特別是基督徒神學家，往往就是這樣理解他。

當然，基督徒不能是語言上的唯心主義者（認為只有語言，沒有事物），原因至少有兩個：首先，如果文本以外無一物，便不能有與世界有區別，並先於世界，而且是超越的創造者存在。從這個意義來說，語言上的唯心主義必然引向無神論。如果德希達是語言上的唯心主義者，解構和基督教信仰便不能共存。其次，如果文本以外無一物，聖經（無可否認是文本）談論的——它所提到的——便似乎不是真的。聖經談及道成肉身，基督工作的果效，或天上領域的屬靈爭戰時，都必定不能是真實的。但如果這些宣稱並不真實——如果耶穌並不是神成了肉身（約一14），或者他在十字架上的死亡並沒有帶來宇宙的轉化（西一20）——那麼基督教最好也只是小說，最糟時更是浪費時間。因此常見的結論是，德希達宣稱文本以外無一物，與真正的基督教認信是對立的。

不過，我想指出這個結論有一個問題，而且它是建基於一個錯誤的假設，也就是嚴重地誤解了德希達說文本以外無一物的意思。以下的討論會仔細研究圍繞德希達這個宣稱的更大背景，並提出德希達實際上提供了關於創造的結構的洞見。

連納的狀況作為人的狀況：閱讀、書寫和詮釋

德希達文本以外無一物這個富挑釁性的宣稱源自一篇關於閱讀和詮釋的討論文章。讓我們詳細一點研究那篇文章，藉以明白德希達的話的微妙之處。如果我們要公平對待後現代主義，我們與它的交往需要寬容——而寬容需要時間。

在《書寫學》（*Of Grammatology*）這本書中，德希達提出那個著名的宣稱。他在書中詳細分析盧梭（Jean-Jacques Rousseau）這位現代初期（而且是日內瓦人）思想家一篇題為〈論語言的來源〉（On the Origin of Language）的文章。這篇文章處理一個德希達十分感興趣的題目。在回答語言的來源這個問題時，盧梭傾向認為語言是接觸世界的障礙，語言妨礙人直接經驗世界。語言是我們藉以看世界——雖然有點扭曲——的鏡片，只是因為這塊鏡片阻擋在我們和世界之間。只要有鏡片，便有扭曲。我們可以不斷擦亮這塊鏡片，或者盡可能將它打磨得很薄，但它仍然是中介，而對盧梭來說，只要有中介，便有扭曲。因此，盧梭提出，語言是偶然臨到我們的惡，將按世界的「本相」對世界的經驗污染了，而這經驗本來是純潔、毋須中介的。好像《凶心人》中的連納，我們有一種狀況（一種不健全，一種疾病），令我們需要使用語言在世界活動。盧梭期盼往昔那美好的日子（他稱為「自然的狀態」），我們沒有受到這狀況影響，可以毋須中介地按世界的本相經驗世界，我們和世界之間沒有任何東西阻隔。換句話說，對盧梭來說，一旦插入了語言的鏡片，我們便需要詮釋世界。只要有中介，便有詮釋。「自然的狀態」是直接的狀態，在其中我們毋須「詮釋」事物；我們就是「知道」它們存在。那是一隻杯子。那是我妻子。這是電腦。那是清楚和簡單的。[5] 對盧梭來說，連納——連同他的狀況——是畸型的，也就是**不**自然的。

但曾經有沒有詮釋的時代嗎？將來會有毋須詮釋的日子嗎？有人只是「按本相」看到杯子嗎？德希達進場了。雖然盧梭在十六世紀——現代誕生的中心——提出自己的理論，但德希達認為大部分二十一世紀的人心裏都是盧梭主義者。這在我們對閱讀的想法中可以最明顯看到。

我們閱讀時——而聖經註釋似乎是很好的個案研究——往往想像文本或那本書的語言是我們需要**穿越**的東西，藉以恢復作者原本的意圖。換句話説，文本變成了我們需要跳過的障礙，或者是我們需要經過的帷幔，讓我們藉以接觸文本背後的東西，例如作者的觀念或所指對象（文本指向的東西）。有時我們承認這個過程需要稱為詮釋這件麻煩的事情，正如我們在閱讀一首詩或魯益師（C. S. Lewis）隱喻性比較強的作品的時候。這時我們承認有某種密碼需要破解，才能夠明白文本。但大部分時間，我們都不認為自己在詮釋；我們只是在閱讀。在這種情況下，我們假設有關文本是明確的，因此毋須詮釋。我們可能需要某些背景或上下文，但一旦有了這些部分，我們便不需要詮釋。相反，文本具有某種透明性，我們只需一看便明白。因此，我們與連納不同，他需要筆記和文本幫助才能夠解釋他的世界，但我們卻毋須這些輔助也可以活動。我看報紙時，並不需要「詮釋」；我只需要閱讀。我們大部分人都認為，我們讀聖經時情況也是這樣：對，有些經文是困難的，或者雅歌的詩可能令我們陷入困境，但如果我們閱讀的是保羅的羅馬書，事情便頗為一目了然。我只需要一本提供背景和上下文的註釋書。這種註釋就好像一塊布，將文本抹乾淨，讓它變得透明，藉以令詮釋變得不必要。

德希達認可這種閱讀（他稱為「雙重註釋」），甚至承認在某些時間和地點的確適合這樣做。不過，他擔心這樣是假設了某種盧梭式的天真，正是因為這樣假設了有不涉及詮釋的閱讀（甚至經驗）。換句話説，這是假設我們（是「正常」、得到「醫治」或

「救贖」——也就是沒有受到一種「狀況」影響）與連納不同。連納是畸型的；我們是正常的。連納需要筆記和文本；我們只需要看著世界，便看到它的「本相」。即使我們在閱讀文本時，也可以越過文本去到文本背後，或者文本所指向的東西。

對德希達來說，這是天真的假設，因為這樣看不到我們實際上從沒有真正去到文本「背後」或「越過」文本。我們從沒有超越詮釋的領域，到達某種純粹閱讀的王國。我們永遠都不能夠脫離自己的皮囊。文本和語言不是某種東西，是我們可以穿越，藉以去到沒有語言的世界，或自然的狀態，是不需要詮釋的。如果文本好像愛麗絲的鏡子那樣建構起來，在鏡子的另一邊不是沒有語言或詮釋的世界，而只是更多文本和詮釋。在我們經驗的兔子洞穴下面，一直下去都是語言。因此，在作出「文本以外無一物」這個著名的宣稱之前，德希達說閱讀或詮釋「不能合法地越過文本，去到文本以外的東西，去到一個所指事物……或去到一個文本以外的所指（signified），它的內容可以在語言以外發生，或可以已經在語言以外發生；也就是說，也就是我們在這裏，在一般的書寫以外給那個詞的意思」（*OG*,158）。換句話說，如果文本的一行說：「那隻藍色杯子放在皮爾格林（Pilgrim）的桌子上，」而我明白這句話的意思（我可以想像一隻藍色杯子放在一張桌子上）；根據德希達的見解，我並沒有越出詮釋的領域。詮釋不是一連串圈環，我們穿過它們，最終到達一個國度，是沒有中介經驗的，在那裏我們不再需要詮釋。相反，詮釋是身為人並且經驗世界不可脫離的一部分。所以即使這隻藍色杯子放在我的桌子上，我「第一手」地用它來喝咖啡，那仍然是一種詮釋。

德希達說我們不能越過文本或走到文本背後，接觸語言以外的所指事物（或所指）時，是在徹底的意義上這樣說的。我們可以有幾個不那麼徹底的方式理解這件事，德希達也有提及，只是沒有強調。首先，他宣稱文本以外無一物時，這並不表示「讓雅克（Jean-Jacques）的生命或媽媽或泰雷茲（Thérèse）的存在本身對我們來說並非最重要」（*OG*,158）。換句話說，德希達並非表示我們可以選擇**當**媽媽並不存在那樣行動，玩弄文本而不理會它實際上指甚麼。文本以外無一物並不是一種我們可以選擇產生的自決狀況。其次，德希達宣稱文本以外無一物時，並不單是「由於我們只能夠在文本中接觸所謂『真實的』存在，而我們也沒有辦法改變這個狀況，也無權忽略這個限制」（*OG*,158）。例如，有人可以宣稱在文本以外沒有蘇格拉底，因為現在我們只能夠透過柏拉圖或阿里斯托芬（Aristophanes）的文本來接觸蘇格拉底。從這個意義來說，文本以外便沒有蘇格拉底。

雖然這兩個理由已經足以宣稱文本以外無一物，但德希達說：「還有更根本的理由」（*OG*,158）。他接著指出：「在我們稱為這些『有血有肉』的存在的真正生命中，在我們相信在限定為盧梭的文本以外或背後，除了書寫以外，總是無一物」（*OG*,159）。書寫或文本並非只是我們為了接觸事物必須通過的門，或者是通向不受詮釋的現實的閘；德希達宣稱文本以外無一物時，表示沒有現實是並非已經透過語言的鏡片作為中介而得到詮釋的。[6]對德希達來說，文本聯繫到詮釋。宣稱文本以外無一物，表示一切都是文本；但並非表示一切都是書，或者我們生活在一本巨大、無所不包的書中；而是表示一切都必須得到詮釋，才能夠被經驗。因此，德希達**不是**語言上的唯心主義者，否認杯子和桌子的物質存在；他和（撰寫《存在與時間》〔*Being and Time*〕的）海德格一樣，是我們可以稱為廣泛的詮釋學家（因為我們沒有更好的名稱），他們主張詮釋無處不在：我們的一切經驗總是已經是詮釋。

需要詮釋的文本不是插在我們和世界之間的東西；世界倒**是**一個需要詮釋的文本。甚至「親身」或「在肉身」經驗一隻杯子，都要求我將那物件詮釋為杯子，而這詮釋是由好些不同事物決定的：我遇到那物件的環境，我自己的過去和背景，我帶到那經驗的一套假設，和其他東西。[7] 由於這一切條件，我經驗的事物都需要詮釋——因而也會有**不同**的詮釋。讓我們以另一套電影作為例子。這次不是《凶心人》那令人頭昏腦脹的世界，而是《人魚公主》（*The Little Mermaid*）這個迪士尼（Disney）的世界。雖然我認為主角阿列爾（Ariel）受到消費主義欲望毒害，但我在這裏暫時不考慮對這套電影進行詳儘的社會批判，而只研究其中一幕，用來說明我們對事物的第一手經驗本身也需要詮釋。

雖然阿列爾是特里托王（King Triton）的女兒，整個海底世界都供她享用，但她仍然不滿足。事實上，電影的頌歌是她的衷心懇求，在歌中她表達了自己發自內心的渴望——想得到更多，要成為人類世界的一部分。阿列爾仍然生活在海洋之下，但她不時浮到海面，結識了海鷗斯庫特（Scuttle）。這隻海鷗明顯居住在海面上，接觸到水手和不懂航海的人的人類世界。因此斯庫特是阿列爾的海底世界和她渴望加入的人類文化之間的中介。她將這份對人類文化的渴望埋藏在心裏的其中一個方法是收集人類世界的製品，將它們收藏在一間*Wunderzimmer*——或「奇物房間」——之內，那是她的私人人類博物館。斯庫特是她其中一個主要資源，不單為她帶來各種物品，也說出它們的名稱和解釋它們的用途。當斯庫特給阿列爾我們稱為煙斗的東西時，牠告訴阿列爾那是「打鼾活板」（snorflap），可以藉著吹那個咬嘴來製造音樂（和氣泡）。當斯庫特為阿列爾的藏品加上一支叉時，牠稱那支叉為「叮噹頂杆」（dinglehopper），並解釋說它是用來設計髮型的，好像梳子或刷子一樣。阿列爾收藏的每件物件——以及她對它們是甚麼的理解——都是以斯庫特的解釋為依據。

經過好些密謀後，阿列爾終於有機會短暫進入人類世界。她特別找到機會嘗試贏得一個王子的愛。她在一次浮上水面時看了這個王子一眼便迷上了他。她到人類文化歷險的其中一個代價是將自己那悅耳的聲音賣給一個邪惡的女巫。因此，她遇到王子時不能說話或解釋自己的意思。雖然阿列爾成了啞巴，但還是很美麗，而且充滿魅力。王子邀請她在他的城堡共晉晚餐。阿列爾興奮地接受邀請。在我們還未發覺，阿列爾已經坐在王子的桌旁——一個與人類世界交往的地方。當然，這不是她自己的世界，她在這經驗中摸索感到困難（除了要學習走路外）。因此，當她坐下來吃晚飯，終於在這個陌生的世界中看到一件自己熟悉的東西時，便急不及待地要表現自己對這件文化製品的熟練。她看到的不就是一隻叮噹頂杆嗎？她立即拿起那物件，開始以熟練的使用者那種嫻熟的姿態來梳頭。正如你可以想像得到，王子因為她這樣使用叉而感到莫名其妙！

這件物件——這塊形狀古怪的金屬——即使是放在桌子

上，就在我們眼前時，仍然需要詮釋。由於我們經驗的視域，我們過去的歷史，人們告訴我們的事情，以及我們帶到經驗中的所有前設，我們立即看到那是一支叉（而且感到除了視它為叉外，很難視它為任何其他東西。）[8]但對阿列爾來說——她有不同的歷史，不同的經驗，因此有不同的前設——那件物件卻應該詮釋為叮噹頂杆。雖然我們似乎甚至沒有詮釋那物件，但實際上我們連想都沒有想過便很快地經過詮釋的過程，所以顯得好像沒有進行詮釋。但雖然我們以很高的速度將那物件理解為叉，這並不否定其中涉及詮釋或詮釋過程這個事實。因此，我們沒有以任何沒有中介的方式（正如盧梭提出那樣）越過文本和詮釋，「單按事物的本相」接觸事物。整個世界都是文本。因此，「文本以外無一物。」

德希達沒有否認我們碰到的物質現象——好像叉子和杯子——在書本和我們思想以外存在。正如他一再強調，他沒有宣揚某種語言上的唯心論。[9]這樣，較早時提到基督徒思想家對德希達的批評便是不對的。但這是否表示德希達的宣稱沒有甚麼令基督徒焦慮的地方？以明白德希達的宣稱有甚麼含義的眼光，我們可以大致以「一切都是詮釋」這句名言來翻譯「文本以外無一物」。或者，用另一種方式表達，是「一直下去都是詮釋」。對很多基督徒來說，這算不得改進。由於某些原因，很多基督徒在這裏變得焦慮，並假設「一切都是詮釋」這個宣稱和基督教信仰對立。即使我們將德希達的宣稱理解為並非語言上的唯心主義，而是無所不包的詮釋，我們似乎還有第三個理由將德希達的宣稱視為與基督教信仰對立。如果一切都是詮釋，那麼連福音也只是詮釋而不是客觀地真實。

德希達在十字架之下

讓我們更仔細地研究這個對德希達的批評。如果文本以外無一物這個宣稱表示一切都是詮釋，那麼福音便只是一種詮釋。如果福音只是一種詮釋，那就表示可以有其他詮釋。而如果福音只是一種詮釋，而且還可以有其他詮釋；我們便不能知道福音是不是真實的。這種批評的其中一個版本可以在卡森（D.A. Carson）對冒起中的教會的批評中找到。卡森明顯擔心，好像葛倫斯（Stanley Grenz）、麥拉倫和其他「堅定的後現代主義者」（他對他們的形容）拒絕絕對或「客觀」真理這個現代觀念，便是完全放棄真理。但在他的批評中，卡森明顯只是將真理和客觀混為一談：對卡森來說，一個人只有「客觀地」知道，才是「真實地」知道。[10]雖然卡森正確地指出人類知識永遠都不能假裝是全知，但他認為這並非表示我們不能以有限但真實的方式宣稱自己有所知。不過，他對有限知識的肯定總是變成肯定客觀知識。雖然卡森沒有為客觀性下定義（考慮到他的計劃，這是頗大的疏忽），但他明顯要令客觀性包含自證的給定（givenness）這個含義：如果真理是客觀的，它就不是關乎詮釋。因此，如果德希達不是語言上的唯心主義者，但仍然主張一切都是詮釋；那麼，根據好像卡森這樣的人，德希達這個宣稱便是與真實必須是客觀這個（假定是聖經的！）要求對立。如果福音是一種詮釋，因而不是「客觀的」，那便似乎表示它不能夠是真實的。

請再次容許我以慢鏡處理這些問題，藉以公平對待它們。一方面，這個批評是對的。我同意福音是一種詮釋，而我們不能

知道福音是真實的——如果知道的意思是沒有中介的客觀或純粹接觸到「事物的本相」（一個盧梭式的夢）。[11]但另一方面，認為這和正統基督教信仰對立卻是錯誤的。這第三種批評對詮釋的本質和真理的問題都有很多不合理的假設，因為這種批評假設，如果某東西是詮釋，它便不能是真實的；或者反過來說，它假設如果某東西是真實的，它便必須是客觀的。這樣，它便保存了某種盧梭式的觀念，假設詮釋是有缺陷的——好像連納的狀況一樣——污染和腐化我們與世界的關係。但某東西是關乎詮釋，並不表示詮釋不能夠是真實或良好的詮釋。我將我面前的東西理解為杯子，用它來喝咖啡時；雖然是在詮釋那杯子，但也是**很好地**詮釋它。那杯子誠然不是以明確的事實這個方式存在，但這並不表示我對杯子的詮釋性理解不好或不真實。

讓我們藉著一個思想實驗進到事情的核心吧。我們在這裏的主要問題是一切都是詮釋這個德希達（經演繹的）宣稱是否與正統基督教信仰對立。我提出它並非這樣。要證明這點，請與我一起想像兩個第一世紀初的耶路撒冷居民。以下是他們講述某一天發生的一件我們很熟悉的事件：

> 那是逾越節，和大部分人——包括參加節日的本地人和外地人——一樣，我們聽到那些事件，首先發生在巡撫的宮中，然後在城外的各各他。出於好奇——我們沒有時間理會宗教這種愚蠢的事情——我們走到城門外，看一看那情景〔那時仍未有CNN，令他們以為自己從舒適的客廳看到事情在他們面前展開〕。那裏十分喧鬧——比慣常的逾越節喧鬧。在各各他周圍，我們同時聽到嗤笑聲和哭泣聲；有些人在

說奚落話，另一些人則在啜泣。我們在那裏看到一些羅馬士兵在為了幾件衣物而賭博（太二十七35），有些宗教領袖則因為自己的權力而洋洋自得。注意力的焦點當然是這個小山丘上的十字架——特別是中間那一個，那裏掛著一個拿撒勒人。多年以來我們都說：「拿撒勒還能出甚麼好的嗎？」拿撒勒人最終都成了僕人或囚犯，或者不幸地被判處死刑。這個人再次證實那句話。在中間的十字架掛著這個被毒打、可憐兮兮的拿撒勒人，上面釘著一塊宣告他是「猶太人的王」（還有用其他語言寫成的文字，但我們不知那是甚麼意思）的告示板。我們不禁想：那些婦人在哭泣，是因為她們真的這樣相信嗎？我們不知道誰更可憐：掛在木頭上的人，還是將盼望寄託在一個拿撒勒人身上的人？猶太人的王。這是甚麼意思？一個玩笑？從大祭司那沾沾自喜的笑容來看，那一定是開玩笑。

中午後，情況的確變得有點古怪：天色一直都一片漆黑，直到大約下午三時。後來當局宣佈，那是日蝕。天色回復明亮時，那個可憐的拿撒勒人開始說一些關於以利亞的話，但他這樣做時似乎用盡了自己最後一口氣，接著便沒有氣息地掛在十字架上。又一個十字架，又一個拿撒勒人，又一個罪犯——又少一個人讓人操心。當時剛好有地震，所以引起喧鬧，但很快人羣便開始散去。當然，那些婦女仍然在哭泣，仍然緊抱著她們那天真的盼望，以為一個拿撒勒人可以是某種君王——但我們早已沒有這種幻想了。因此，好像大部分好奇的人一樣，我們走入人羣裏面，回到城中，希望家裏還有剩餘的晚餐留給我們吃。

現在讓我們考慮一個在同一天下午派駐在各各他的百夫長一個不同的記述吧（比較太二十七54）：

我不知道為甚麼選中我，除了我有經驗和對那天之前發生的事有點認識外。我和同僚的責任是在耶路撒冷外看守一個將人釘十字架的刑場。在很多方面，這次和我見過的一百次釘十字架的情況都是相同的，但卻有一個特別、幾乎是可笑的曲折：那天我們會處決一個拿撒勒人——一個自稱是君王，自稱是「猶太人的君王」的拿撒勒人！每一個人——包括我們羅馬人和耶路撒冷本身的宗教領袖——都知道這個笑話，所以我們在那個拿撒勒人的十字架上釘上那塊告示板，只是要讓別人也知道這個笑話。

我是從別人那裏得知讓我熟悉那情況的背景資料。安東尼（Antony）是我一位老朋友，他和我一起接受軍訓，曾經直接接觸過這個拿撒勒人〔比較太八5~13〕。他駐守在距離拿撒勒不遠的迦百農外時，那裏經常流傳一些傳言，說有一個來自拿撒勒，名叫耶穌的木匠醫好一些病人。安東尼有一個僕人曾經在安東尼患病時照顧過他。這個僕人後來有安東尼看不見的痛楚，患了羅馬的醫生診斷不出的疾病，喪失了活動能力，躺在家裏，受盡痛苦折磨。既感到絕望，一定也出於瘋狂，安東尼走到迦百農，為自己受苦的僕人儘最後一次努力。根據安東尼後來向我憶述那故事，他離開家裏時那種瘋狂和絕望，在他接近這個耶穌時卻變成了盼望和合理。雖然他離家時沒有抱多大希望，而且感到很疑惑；但在這個拿撒勒人面前，他卻發覺自己因為很深的信心和很大的盼望而充滿活力。懷著幾乎令他自己驚訝的信心，安東尼告訴這個耶穌：「你只需要說一句話，我便知道我的僕人會得到醫治。」安東尼回到家裏時，他的僕人已經在預備晚餐了！但安東尼卻並不感到驚訝。

我雖然有點受到安東尼那敘述的興奮感染，但由於當時我不在場，在隨後的日子我很容易便忘記了那個故事，或者對它抱懷疑態度。後來我獲委派在將這個拿撒勒人釘十字架時負責監督，的確感到有點諷刺，但人生就是充滿這種有趣的巧合。安東尼的故事好幾次從記憶闖進我的意識中，但大部分時間，這個人對我來說都只是另一個罪犯，另一個拿撒勒人。那只是又一天，又一次釘十字架。

當然，這次釘十字架和其他的都不一樣：大祭司和宗教領袖平時不會好像這次那樣在城門外亂轉。他們平時也不會因為有猶太人被釘十字架而這麼高興。雖然我們通常都預期罪犯的母親會在十字架下哭泣，但有一大羣婦女為這個耶穌哭泣卻肯定不尋常。而除了不斷抗議，表示自己無辜，侮辱我們這些只是盡自己本份的人外，這些掛在十字架上的失敗者通常都不大說話，而且肯定不說這個耶穌所說的那些話。

最初聽著這個拿撒勒人發出那些宣告時，我既覺得他可憐，又感到有點煩躁。但無可否認，我從未聽過一個被釘十字架的人祈求我們得赦免，或者應許其他罪犯會在樂園與他一起。同僚中有些人嘲笑他，為他的衣服賭博，讚揚通常討厭他們的大祭司，但我卻從那經驗中退卻，實際上我發覺自己好像在陌生土地上的外國人，按自己的職責行動，但耳中卻響起安東尼的故事，迴盪著這個拿撒勒人自己剛說過的話：「成了。」

後來，事情變得怪異，天空漆黑一片，為時三小時。我們需要繼續守護著，不知道發生了甚麼事，但那黑暗似乎不單令喧鬧止息，也令人們停止說話。我發覺自己在黑暗中，完全獨自一人（雖然周圍有數以百計的人），四周迴盪著一種古怪的寧靜，似乎在問我一個問題：「這個人是誰？」我不會向你重演那疑問的躁動。我只能夠這樣見證：黑暗消退後，發生了似乎搖動大地根基的地震；但對我來說，與我自己生命的覺醒和我自己根基的搖動相比，那彷彿只是微小的宇宙漣漪。因為在那刻，在與神搏鬥了超過三小時——與安東尼的見證和我自己在各各他的經驗搏鬥——後，對我的問題，我終於可以找到答案：「這真是神的兒子了！」

這兩個對一系列事件的詳細記述顯示福音本身是怎樣一種詮釋，有助我們明白德希達的宣稱——以及為甚麼這宣稱並非與基督教信仰對立。這兩個記述都是關於第一世紀耶路撒冷一些事件的詮釋。兩者都是對拿撒勒人耶穌的回應，都是每個敍述者對發生的事情和現象的「解讀」。兩者都是對發生了的事情的文本翻譯。但當然，兩種翻譯和詮釋十分不同。如果我們身為基督徒，同意百夫長的詮釋，並和他一樣，承認這是當天下午發生的事情的真實記述；我們的同意並沒有削弱這是一種詮釋這個事實。即使我們訴諸聖經的見證，指出這些事件是神的特別啟示，但這仍然是對發生了的事情的一種詮釋。事實上，訴諸啟示只增強百夫長的解讀是一種詮釋這個宣稱：如果沒有這啟示，我們可能會好像耶路撒冷那兩個本地人一樣：只看見又一個十字架，又一個拿撒勒人。

啟示拓闊我們的視域。不過，即使啟示性詮釋的（客觀）預備也不保證每個人都會這樣解讀那事件。我們必須（主觀地）接受這啟示性詮釋，這需要信心——而這信心需要聖靈重生的工作。再一次，請參考歐文（Owen）在《聖靈》（*The Holy Spirit*）（重印，Grand Rapids: Kregel, 1954）的討論。正如他指出，神預備客觀的亮光（啟示）並不能解決主觀黑暗這個問題（頁148及其後）。換句話說，如果沒有內心和思想的重生驅走黑暗，聖經啟示的客觀預備作為啟示（也就是傳意）是無效的。

對一切都是詮釋這個宣稱感到緊張的基督徒，通常對知識都堅守一個非常現代的觀念，這個觀念宣稱某些東西只有是客觀才是真實——只有在所有時間，所有地方，得到所有人普遍知道，才是真實。這樣，福音的真實——神在基督裏使世界與祂和好——被視為客觀地真實，因此可以理性地證明。（古典護教學接受這種認識論，或者知識的理論。）如果我們說福音是一種詮釋，那它便不是客觀地真實，也就是不是傳統或現代意義上的自證或普遍地可證明。[12]

這樣非常現代地解釋福音的問題是它並不對應新約的見證。例如：福音書的敘事清楚表明並非每個人都看到百夫長看到的事情。當然，他們都看見和接觸到同樣的物質現實——十字架、身體和最終的屍體——但這些物質現象都是需要詮釋的文本。因此，百夫長和大祭司都面對同一個現象，但卻看到十分不同的東西，似乎說明了德希達的論點：對事物的經驗本身是一種詮釋。即使我們面對復活的物質和歷史證據——即使我們親身見證復活——復活的具體意義仍然需要詮釋。只有藉著詮釋耶穌的復活，我們才看到復活肯定祂是神的兒子（羅一4）。正如歐文指出：「耶穌基督被釘十字架是一個任何自然〔也就是未重生〕的人都能夠明白和同意，並接受的命題：而福音的所有教義都可以以命題和論述的方式教導，那意思和意義是任何自然人都可以明白的；但我們否認這樣的人可以自行接受這些事情。因為思想在觀念上接受教義，和真正接受教義教導的事情是有很大分別的。」[13]

而且，在新約的書信中我們也找到同一種宣稱，那就是並非每個人都看到信徒看到的事情。一方面，神那些不可見的屬性是「明明可知的」（羅一20），但保羅接著強調，那些「無知的心昏暗了」（羅一21）的人卻看不到這些屬性，所以將世界理解或詮釋為不是神的創造。雖然我同意將世界詮釋為受造是真實的詮釋，但這並不否定它是詮釋。要好好地詮釋世界，需要的是詮釋的必要條件——期望的正確視域和正確的前設。但正如保羅一再強調，這些條件本身是恩賜；換句話說，令人們能夠正確「解讀」創造的前設和視域是伴隨救贖和重生的仁慈恩賜（羅一18-31；林前一18-二15；弗四17-18）。正因為這樣，我們不應因為我們遇見的人，並非每一個都能夠立即掌握福音的合理性而感到驚訝。事實上，我們應該預期有些人因為沒有救贖的恩典而不能正確「看見」創造或十字架。或者，用另一個方法表達，前設性護教學（presuppositional apologetics）——例如薛華建立的，但范泰爾（Cornelius Van Til）和某程度上杜爾維（Herman Dooyeweerd）也建立了這種護教學——拒絕古典護教學，正是因為前設思想明白德希達宣稱一切都是詮釋的真實性（雖然我承認我將他們的直覺極端化)。

要接受(受造!)現實這個普遍存在的詮釋,需要我們接受多元這個相應的現實。只要有詮釋,便會有詮釋之間的衝突,或者至少有不同的詮釋。不過,重要的是,我們需要考慮這種詮釋多元性的兩個層面或方式。一方面,一種多元性和詮釋上的分別已經銘刻在受造的有限性的結構之中,所以我們都看到相同的事物,但卻是從不同角度和位置出發。我們都遇到相同的東西;但有些人視之為叮噹頂杆,另一些人則視之為叉子。在伊甸園和末時(eschaton),我們都會找到植根於視角多元化的詮釋多元化。作為良好創造的條件的一個因素,這種多元化是我們必須接受為良好的(創一31)。[14]這種詮釋的多元化仍然是教會裏的現實。另一方面,一種深刻的「方向性」[15]多元化卻是我們的後犯罪(後墮落)狀況特有的。也就是說,解釋上的分別有一個層次是關乎身為真正的人是甚麼意思,以及我們在宇宙中的位置等基本問題。舉例說,在這方面,基督教和佛教對現實的本質有十分不同的詮釋。不過,我們需要視這些為詮釋上的深刻分別,而不是輕易地假設基督教的論述是客觀地真實,並批評佛教的論述只是一種詮釋。事實上,兩者都是詮釋;兩者都不是**客觀地**真實。因此,某程度上,我們也必須接受這後犯罪或方向性多元是我們身處其中的給定狀況。主張我們的詮釋不是詮釋,而是客觀地真實,往往變成最糟的帝國主義或殖民議程,即使在多元文化之內也是這樣。承認福音是詮釋應該變成我們公共神學中的一種謙卑。不過,這卻不應變為對基督教認信的真實性有懷疑。如果福音是詮釋令我們對它的真實性信心動搖,這表示我們仍然受到現代對客觀確定的渴望纏繞。但我們的信心並非建基於客觀性,而是建基於聖靈那令人折服的能力（而那不完全是客觀的）；因此，失去客觀性，並不引致失去傳揚福音真理的勇氣。

解構明白一切都是詮釋，打開一個提出疑問的空間——讓我們質疑已經被接受和主導的詮釋，這些詮釋往往宣稱它們完全不是詮釋。這樣，解構對被邊沿化、被束縛的詮釋，以及使被壓制的聲音活躍起來都感興趣。這是德希達的解構那建設性，對，更是先知性的一面：藉著關注主導、現時的詮釋壓制不同見解而關注公義。因此，從一開始，解構歸根結柢便是倫理性——關心那些典型地被邊沿化，舊約描述為「寡婦、孤兒和寄居的人。」用另一種方式表達，華爾街（Wall Street）和華盛頓（Washington）都想我們以為他們對世界的詮釋「就是事物的本相。」解構藉著指出為甚麼一切都是詮釋，給我們力量質疑好戰的總統和貪婪的行政總裁的詮釋——有點像先知質疑對世界的主流詮釋那樣。這樣，我們便有自由以不同的方式詮釋世界。我們稍後思想解構對教會的含義時，會更詳細地考慮解構的宣稱這個先知式結論。

羣體中的文本

德希達文本以外無一物這個宣稱往往被誤解，而且不單是基督徒神學家誤解這個宣稱。後來德希達在有機會時，嘗試澄清這個宣稱：「對某些人來說，這句話（「文本以外無一物」）成了解構的口號，人們通常大大地誤解了它，它的意思實際上只是：**處境（context）以外無一物。**」[16]某程度上，德希達只是重複一句地產的格言作為詮釋的主要狀況：地點、地點、地點！現象（無論是書本、杯子或事件）和詮釋者的處境發揮條件或框架的作用，決定一件物件怎樣讓人看見或理解。正如德希達宣稱文本以外無一物，他在其他地方也宣稱「只有處境。」[17]因此，處境決定文本的意義，對物件的解釋，或對事件的「解讀」。例如：百夫長對十字架的「解讀」的處境，部分是他的同僚較早時對那個來自拿撒勒的溫柔治療者的經驗——這個處境是那兩個耶路撒冷的本地人所沒有的。（我也會提出那個百夫長的處境也包括恩典。）

德希達提到處境怎樣「被決定」或「被填補」時，我們也發現他的著作有一個很重要（雖然往往被忽略）的強調：羣體在解釋中的角色。正如他在《有限公司》（*Limited Inc*）的後記中解釋，處境是可變和動態的：處境隨著時間和地點而改變，產生不同的意義和詮釋。德希達形容這是再處境化（recontextualization）的可能：一個詞語在一個語境中有一個意思，在另一個語境中可以有另一個意思。正如那金屬物在一個處境中是叉子，在另一個處境中則是叮噹頂杆。處境改變，意義也改變：如果我們打獵時我在田中喊「鴨子（duck）！」你會抬頭找目標獵物；但如果我們在打哥爾夫球時我喊「躲避（duck）！」你會弓下身避開向你飛來的球。同一個詞（duck）被再處境化。而由於處境永遠都不能被完全「填補」，任何文本、事物或事件都會得到不同的解釋或詮釋。由於德希達強調處境這種遊戲和彈性，很多人推斷他認為我們可以按自己的喜好詮釋事物——文本和事件都可以供我們玩弄，我們可以隨意製造意義。例如：他們認為德希達的宣稱表示你可以要聖經說任何你想說它說的話。

當然，一方面，這完全是事實——同樣，如果我們看自己的經驗，我們會看到德希達是對的：人們和團體確實以各種方式詮釋聖經，他們也確實要聖經說任何他們想聖經說的話。我們都知道一句老生常談：你可以引述聖經證明任何事情，無論是支持奴隸制還是解釋為甚麼基督徒不應該做按揭。很明顯，聖經讓人作出各種詮釋。但這樣玩弄詮釋並不表示所有詮釋都是良好或真實的。解構並不表示我們對文本可以說任何話；解構不是對全然不確定的禮讚。德希達表示異議：「否則，人們實際上完全可以說任何話，但我從沒有接受或鼓勵人們完全可以說任何話。」[18]相反，德希達強調處境有重要、合法的決定性；特別是理解文本、事物或事件的處境是由詮釋的羣體確立的，他們同意甚麼構成文本、事物或事件的真正詮釋。某個羣體根據本身的目標和目的，就決定甚麼是良好詮釋的規則建立共識。因此，在人類羣體裏，我們將有尖銳末端的金屬物品理解為叉子，用作進食用具，而不是梳子。雖然那物件也容許人們將它詮釋為梳子，但羣體決定這是不好的詮釋。沒有由羣體確立的規則，便不會有決定詮釋的準則。而德希達並不反對規則。事實上，他以肯定的態度提到羣體有某種「詮釋的警察」為羣體決定詮釋。[19]因此，羣體固定處境，而處境決定意義。羣體這個角色在我們思想詮釋聖經是甚麼意義時會變得很重要。

將德希達帶到教會

我們從對德希達那標語式誤解到更清楚地理解他文本以外無一物這個宣稱，已經走了頗遠。正如我們已經看到，他的意思大致是一切都是詮釋；詮釋由處境和詮釋羣體的角色決定。這必然包括放棄客觀這個現代觀念，以及接受後現代主義一個中心主題:「一直下去」都是詮釋。

但我們仍未完全回應第三個反對。這個反對提出,如果一直下去都是詮釋,那麼我們便不能知道福音是真實的。作為回答這個反對的開始,我們表明為甚麼福音必須是詮釋。但接受德希達宣稱文本以外無一物,究竟有甚麼含義?這對我們理解福音、聖經和教會有甚麼意思?

透過聖言看世界

德希達提出,整個世界都是文本。作為文本,便會經受詮釋,而詮釋引進我們知覺的視域和我們的前設所扮演的角色。這些視域或前設由我們對世界的基本信念和我們過去與世界交往的經驗形成。沒有不受詮釋的現實,沒有明確的事實被動地存在,直接和純粹地讓人看見。相反,我們看世界時總是已經戴著一副詮釋框架的眼鏡,而這副眼鏡的鏡片是終極信念。我們可以說,我們總是已經透過一種世界觀來看世界。而德希達的部分宣稱與好像薛華和范泰爾等前設性護教學家的宣稱相似,他們都認為所有人的情況都是這樣。[20]所有人—— 無論是自然主義者、無神論者、佛教徒或基督徒—— 都透過一個詮釋框架看世界,而這個詮釋框架的最終性質是宗教,即使它並非和某特定建制宗教有連繫。[21]

這個洞見應該幫助我們明白兩件事:首先,如果後現代主義其中一個重要洞見是,每個人對世界的經驗都帶著一套前設,基督徒便毋須害怕提出我們特定的基督教前設,容許我們的陳述在觀念的市場接受試驗(我們會在第三章詳細一點討論這個問題）。某程度上，德希達帶領更大的文化明白好像該柏爾、杜爾維、范泰爾和薛華等基督徒思想家長時間以來所說的話：我們最終的宗教前設決定我們怎樣理解世界。其次，更有建設性的是，這個洞見應該驅使我們問自己，聖經的文本是否真的決定我們怎樣看世界。如果整個世界都是一個需要詮釋的文本，那麼對教會來說，聖經的敍事就應該決定我們對世界的感知。我們應該透過聖言看世界。那麼，從這個意義來說，德希達的宣稱可以呼應改教者唯獨聖經這個宣稱。這個宣稱實際上強調神的特別啟示對我們理解世界和在其中生活的優先性。我們可以說，文本以外無一物。而說文本以外無一物，就是強調我們對世界的經驗，沒有任何一吋不應該由神在聖經的啟示決定。說文本以外無一物，就是說神的啟示向創造的每個方面說話。但我們是否真的讓聖經的文本決定我們怎樣看世界？還是我們已經更受消費文化的故事和文本俘虜？我們的世界觀是否受嬉蹦（hip-hop）文化的敍事模塑，多於受神與祂百姓立約關係的故事模塑？基督教門徒訓練的其中一個挑戰，是令聖經的文本成為一切賴以成立的獨一文本。正如U2的歌《當你觀看世界時》（When You Look at the World）表明，這並非總是容易的；有時我「看世界時，看不見你所看見的。」但聖靈的聖化是要使我們透過聖經文本這塊鏡片觀看世界。

以相信使徒信經的方式進行詮釋

在很多方面，現代的特點都是深刻的個人主義，令我們彼此隔絕，封閉在自己小小的自我或私人領域中。笛卡兒（Descartes）的《沉思錄》（*Meditations*）在很多方面都是現代的宣言。這本書是笛卡兒將自己困在房間中，獨自一人思想的產物。這並非毫不重要。現代這種孤立式地理解人類的自我也往往闖進教會。教會過分推崇一種私人詮釋的觀念（藉著錯誤地訴諸宗教改革關於聖經明白易懂的原則），提出聖經的意思是簡單和客觀存在——隨時可以讓人接受。

不過，這種個人主義觀念與改教者毫無關連，更不要說古代教會了。正如我們在「使徒信經」中承認，我們相信「神聖而大公的教會」和「聖徒相通」。而德希達對現代的批評，以及他對羣體的強調，有助我們明白後現代怎樣驅使我們恢復羣體的中心角色——不單在詮釋聖經，也在教導我們怎樣在世界生活這方面。在電影《凶心人》中，連納缺少的其中一樣東西是可以信任的朋友羣體。（事實上，他紋在身上的其中一條規則是不要相信任何人。）但正如德希達表明，沒有一個詮釋羣體的習慣和規則，我們便不能詮釋文本、事物或事件。實際上，語言本身就是羣體性（communal）和主體間性（intersubjective）的。（最終，甚至連納也要信任別人，例如他信任妮坦莉寫下的便條。）例如：要詮釋聖經，並且要有**好的**詮釋，我不能將自己從稱為教會的羣體中孤立起來；相反，我需要在地理上（全球的教會）和時間上（教會見證的歷史）受到這個廣濶的羣體模塑和訓練。雖然教會由聖經支配，但聖經只有在信仰羣體中才能夠被恰當地打開和變得活躍。說文本以外無一物，也必然包括說除了由聖靈掌管的教會羣體以外，便不能正確理解聖經文本，因而也不能正確理解世界。同一位聖靈既是文本的作者，也是閱讀羣體的啟示者。

解構的教會

如果正如我宣稱那樣，德希達可以向當代教會進言；那麼解構的教會將會是怎樣的？在這裏我想帶讀者參觀一間與德希達交往的教會，看它的行動會是怎樣的。

首先，我們會因為肯定文本以外無一物的解構教會與別人描述的後現代教會有很大不同而感到驚訝。我們參加解構教會的崇拜時，發覺文本在模塑我們對世界的詮釋時佔中心位置。為了認真看待整體文本，解構教會採用經課集這個受到尊崇的傳統。經課集可以在幾年內引導我們讀完聖經文本的整個敍事，而不是只讓我們讀自己喜歡的正典或牧師喜愛的經文。這樣使用經課集，加上其他事情，都給人一個印象：解構教會珍惜傳統。我們背誦普世教會和歷史的信條，因為它們是我們羣體的過去的見證——讓我們聆聽古老羣體的詮釋。今天棲居在我們當中，給我們亮光的聖靈，也棲居在那個古老羣體中。牧師的講道顯示他認真與初期教父和改教者交往，視他們為詮釋的伙伴。這一切都幫助我們明白，教會是羣體，「神聖而大公的教會」，已經經歷了二千年。

不過，這個羣體的聲音不單古老，也是全球性的。詩歌和祈禱來自法國南部和南韓、蘇格蘭和津巴布韋。這些其他聲音往往被西方教會邊沿化，但我們卻加以接納，視之為聖靈在全球的弟兄姊妹身上的工作，藉著光照他們而光照我們。因此，解構的教會雖然有傳統的意味，但它的特點也包括多樣化和對全球的關注。這個關注干擾了現狀。解構的教會接受現狀的傳統，但卻不接受現狀的傳統**主義**。它是一個重視邊沿化解讀的詮釋羣體，這很大程度上是因為福音本身的「愚拙」是對被世俗現代性邊沿化的人類狀況的一種詮釋。宣告福音實際上已經是從邊沿發言。

最後，我們留意到這間教會在承認福音是一種對世界及人類狀況的詮釋的同時——或許是**因為**它承認這是一種詮釋——專注於宣告和見證啟示。它沒有專注於證明的護教（apologetics of demonstration）或者「文化戰爭」的議程。這些做法運用邏輯作為武器，似乎認為所有美國人都應該視基督教為真實的。事實上，考慮到它的文化，我們不能不對解構教會的先知立場留下深刻的印象。崇拜經驗——接受聖言、聖禮、禱告和歌頌——的其中一個主要目標，是裝備聖徒，並給他們力量，看穿世界的詮釋，以及資本主義、消費主義和享樂主義的文化力量提供的人類前景。換句話說，解構教會的崇拜的目的是模塑信徒，令他們可以看到華爾街對快樂的解釋**是**一種詮釋，並能夠清楚表達反文化的福音對人類繁榮的詮釋。換句話說，解構的教會是有深刻的先知特質——反映的是阿摩司多於德希達的聲音。

註釋：

1 *Memento*, DVD，由Christopher Nolan編劇及導演（Culver City, CA: Columbia TriStar Home Entertainment, 2001）。
2 連納一再宣稱：「我知道我是誰；我知道關於自己的一切。」實際上，這絕對不是事實，正如泰迪不斷提醒他：「你不知道你是誰。」他只知道自己**以前**是誰。
3 視覺影像最終也從屬於文字，因為對連納來說，沒有文字的圖片是沒有用的。他在照片下面寫字，提醒自己照片上面的是甚麼或是誰。他需要用文本解釋圖像。
4 Jacques Derrida, *Of Grammatology*, trans. G. Spivak (Baltimore: Johns Hopkins University Press, 1976), 158；以後在書中引述這本書時簡稱它為*OG*。
5 我在*Fall of Interpretation: Philosophical Foundations for a Creational*

Hermeneutic (Downers Grove, Ill.: InterVarsity, 2000)的第一章詳細得多地分析了直接性的解釋學。

6 因此，我承認《凶心人》中的連納並非完全是德希達式人物。連納仍然有事實不是詮釋這個觀念。連納認為「記憶是詮釋」，但寫在他身上的事實卻不是。不過電影本身也拆毀連納那天真的區分，因為他寫下的一個重要事實（泰迪照片上的車牌）純粹是虛構的，只是提供某人讓他追捕。

7 我在*Fall of Interpretation*中詳細得多地分析了詮釋的過程和條件，尤其是第五章（第四章集中討論Derrida）。

8 由於兒童的視域是流動和未定形的，他們可以以成年人不能有的方式看世界：一條內褲可以被當成太空盔甲，或者對任何男孩來說（我指的是在北美文化中），任何物件都可以被視為槍。隨著我們取得經驗，我們的視域和前設開始固定；結果，我們的觀看更容易變得確定和習慣化。但同時，我們也似乎對不同的看法沒有那麼開放。二十世紀的很多藝術品（例如Picasso的作品）都嘗試令我們的期望視域再次變得流動，邀請我們「以兒童的眼睛」有不同的看法。因此，Picasso曾經說過，他創作的關鍵是忘記他成年時學到的東西，回復兒童時看世界的方式（參E. H. Gombrich, *The Story of Art,* 16th ed. 〔London: Phaidon, 1995〕, 573, 575）。由於聖經邀請我們有「兒童般」的信心，這可能包括保持我們期待的視域流動而不是定形，讓我們開放自己，看到神在世界的奇妙作為。

9 Derrida後來強調「文本以外無一物」並「不表示所有所指事物都被懸置、否定或封鎖在書本中，正如人們宣稱那樣，或天真得認為並指摘〔我〕這樣相信那樣」（*Limited Inc*.的後記，trans. Samuel Weber 〔Evanston: Northwestern University Press, 1988〕, 148）。有關進一步討論，參我的“Limited Inc/arnation: The Searle/Derrida Debate Revisited in Christian Context,” 收錄在*Hermeneutics at the Crossroads: Interpretation in Christian Perspective*, ed. Kevin Vanhoozer, James K.A. Smith, and Bruce Ellis Benson （Bloomington: Indiana University Press, 即將出版）。

10 參D.A. Carson, *Becoming Conversant with the Emerging Church: Understanding a Movement and Its Implications* (Grand Rapids: Zondervan, 2005), 105, 130-131, 143n46。這種不必要的混同的簡單性接下來支持著他在第七章（188-200）列出的長篇經文索引，他認為那些經文清楚證明聖經談及「真理」和「知道」，因此也宣揚客觀這個現代的認識論觀念。他提出，「客觀真理」是一個「範疇⋯⋯是歷史的基督教和聖經都總是支持的」（126）！但事實根本不是這樣；實際上，正如我們稍後會看到，聖經給我們很好的理由拒絕客觀這個觀念，但同時又肯定真理和知識的真實。

11 在這裏，我同意卡森的說法，我們應該拒絕將知識等同全知這個後現代常見的舉動，而由於有限的存有明顯不可能全知，結果我們對知識便抱懷疑態度（參同上104-107）。這個版本的後現代主義仍然依附笛卡兒式對知識定下的準則；只是認為知識是不可能的。我們會在第三章討論為甚麼基督教不是宏大敍事時進一步討論客觀性這個問題。

12 關於這點一個有用的討論，參Kenneson的"There's No Such Thing as Objective Truth, and It's a Good Thing, Too,"收錄在*Christian Apologetics in a Postmodern World*, ed. Timothy R. Philips and Dennis Okholm (Downers Grove, IL: InterVarsity, 1995), 155-170。

13 Owen, *Holy Spirit*, 155.

14 我在*The Fall of Interpretation*第五章中更詳細解釋這點。

15 我在這裏是引用一個對多元化有提示作用但得不到正確評價的分析，參Richard Mouw and Sander Griffioen, *Pluralisms and Horizons: An Essay in Christian Public Philosophy* (Grand Rapids: Eerdmans, 1993)。

16 Derrida, *Limited Inc*的後記，135。強調為引者所加，英譯經修改。

17 Jacques Derrida, "Signature Event Context,"收錄在*Margins of Philosophy*, trans. Alan Bass (Chicago: University of Chicago Press, 1982), 320。關於這點的更詳細討論，參我的"Limited Inc/arnation."

18 Derrida, *Limited Inc*的後記，144-145。

19 Derrida, *Limited Inc*的後記，131, 146。

20 我們應該將這個宣稱與Thomas Kuhn在他的劃時代著作*The Structure of Scientific Revolutions*, 2nd ed. (Chicago: University of Chicago Press, 1970)中，就引導對世界的科學觀察的範式的分析作比較。我在*Fall of Interpretation*, 154-155討論了這點。

21 關於最後這點，參Roy A. Clouser, *The Myth of Religious Neutrality: An Essay on the Hidden Role of Religious Belief in Theories*, rev. ed. (Notre Dame: Notre Dame University Press, 2005)；和*Knowing with the Heart: Religious Experience and Belief in God* (Downers Grove, IL: InterVarsity, 1999)。

3

那些宏大敘事全去了哪裏？*

利奧塔、後現代主義與基督教故事

或許對後現代性的定義，沒有甚麼比利奧塔宣稱後現代主義是「對宏大敘事存疑」顯得更反對基督教信仰。聖經不是卓越的宏大敘事嗎？接受後現代不就是要拒絕聖經嗎？這個問題正是本章的焦點。

* 這一章的標題原為：Where Have All the Metanarratives Gone?，戲仿一首反戰民歌Where Have All the Flowers Gone?

揭起帷幕：《逃獄三王》(*O Brother, Where Art Thou?*)

我們對故事從不感到厭倦，特別是關於歷險和逆境的偉大史詩式故事。科恩兄弟（Coen brothers）的電影《逃獄三王》[1]正是講述一個這樣的大故事，以大蕭條時期的密西西比為背景，重演另一首史詩——荷馬（Homer）的奧德賽（*Odyssey*）。和荷馬的敍事一樣，這個故事的主角也名叫尤利西斯（Ulysses）：詭計多端和喋喋不休的尤利西斯·艾偉·麥吉爾（Ulysses Everett McGill）。人們用艾偉這個沒有那麼堂皇的名字稱呼他。艾偉的漫長旅程始於一個勞教農場（他因為無牌從事律師事務而被判罰），在那裏他和另外兩囚犯——彼得（Pete）和達瑪（Delmar）——被人用鎖鏈鎖在一起。艾偉需要回家阻止妻子與另一個人結婚，所以説服彼得和達瑪與他一起逃獄。他告訴兩人自己在搶劫一部裝甲運貨車後，將一百萬元財寶埋藏了起來。但問題是埋藏財寶的地點快將變成湖底，因為有關方面會在一條河中築起堤壩,令河水淹沒山谷。因此,他們的歷險頗為迫切。

和荷馬的尤利西斯一樣,艾偉和他的同伴在旅程中也遇到常見的可疑人物,包括不同版本的先知、女海妖(Sirens)和一個獨眼巨人(Cyclops)。但我發覺電影最引人入勝的是:尤利西斯·艾偉·麥吉爾經驗的後現代張力是(我膽敢說)很有趣的。艾偉在很多方面都是現代的信徒,堅信科學主義的世界觀。他信任理性。而且好像啟蒙時期的先輩一樣,他認為宗教的傳統和「迷信」是對真知識的障礙。彼得和達瑪下水接受洗禮從而「得救」時,艾偉顯得懷疑,更嘲諷地對整件事提出類似馬克思的解釋:「唔,我想這是在艱難的日子沖洗一下腦袋吧!每個人都在找答案。」[2]達瑪在「得救」後勸艾偉:「艾偉,你應該和我們一起。不會有任何傷害的。」但艾偉拒絕。他說:「和你兩個無知蠢材一起進行可笑的迷信活動?!〔嘲笑和自鳴得意地說:〕洗禮!你兩個傢伙比一袋錘子更鈍。」

雖然艾偉總是承認「每個人都在找答案,」但他相信答案可以藉著理性和「抽象思維」,而不是占卜[3]找到。人們需要以科學的事實和命題打敗宗教的故事和傳說。不過,由始至終,艾偉那現代的理性主義一直都受到宗教和先知的聲音挑戰。他確信理性和科學是人們尋找的答案的來源,但這個信念受到神聖的介入質疑,特別是一個盲眼先知的故事和宣告。在他們旅程開始時,他們第一次遇到那個盲眼先知。他說出這個啟示:

> 我不替任何人工作。我沒有名字。你尋找大財富。你會找到財富,但不是你要找的財富。不過你必須先走一條漫長艱難的路——一條充滿危險的路。你會**看見**一些事物,說起來是很奇妙的。你會看見一隻母牛在一間棉花屋子的屋頂

> 上。我不能告訴你那條路有多長……雖然那條路可能很曲折，你的心也會變得疲乏，但你仍要跟著那條路走——直到你得拯救。

正如你預期那樣，艾偉抱著懷疑的態度回應：「他知道甚麼？他只是個無知的老頭。」在整個故事中，艾偉都繼續抗拒神聖的介入，視之為迷信和愚蠢的故事，和科學及理性的事實和發現有抵觸。但在敍事的最後一章，艾偉的理性似乎遇到對手。

在得到密西西比州長特赦，重新贏得他深愛的彭妮（Penelope）的愛後，艾偉只剩下一個任務：從他們的小屋中取回結婚戒指。但他和同伴到達小屋時，卻發現在他們逃走後一直在追緝他們的凶殘獄長正在那裏等他們。這個獄長是片中的「魔鬼」，他對宣告特赦沒有興趣，一心一意要完成任務，就是處決艾偉、達瑪和彼得。他嘲諷地說：「小子，你們窮途末路了。那條路的確曲折……你們躲避了撒但，你們最後一次躲避了我……或許你們現在應該開始禱告。」他一邊嘲笑他們，一邊將三個絞索拋到樹上。

彼得迫切地祈禱，求神憐憫和赦免。艾偉也慢慢跪下來，開始禱告。這個現代主義的信徒和懷疑大師祈禱說：「求祢垂憐我們這些可憐的罪人。主啊，我只想再見到我的女兒。對不起……主啊，求祢幫助我們。主啊，求祢讓我能夠再見到我的女兒。」在禱告結束時，開始有水從他們腳邊的塵土中滲出，遠處傳來隆隆聲，而且聲音愈來愈大。突然，洪水有如以色列人出埃及時紅海的水一樣，好像一道牆一般從小屋後湧來，先將魔鬼獄長掃走，然後捲起艾偉、達瑪和彼得。他們三人浮到水面時，達瑪興奮地呼喊說：「奇蹟！這是奇蹟！」

艾偉回答說：「瑪達，別那麼無知吧。我已經告訴過你，他們會用河水淹沒這山谷。」

達瑪回應說：「不，不是這樣。」

彼得也補充說：「我們向神祈禱。祂憐憫我們。」

艾偉說：「唔，總是這樣。你們兩個鄉巴佬再次顯出你們多麼愚蠢。剛才發生的事情有完全合乎科學的解釋。」

「剛才在絞刑架下你的語氣卻完全不是這樣」，彼得提醒他。艾偉以現代主義者的獨白回應：「唔，在危急時任何人都會想盡辦法解決。但事實是他們用水淹沒這個山谷，以便為他媽的整個州提供水力發電。對，南方會改變 —— 一切都會用電力發動，而且要收費。不再會有那些關於靈性、迷信和落後事物的蠢事。我們會看見一個美麗的新世界，每個人都有條天線，我們都可以連接到廣播電台。對，一個名副其實的理性時代，就好像法國那樣。不用等多久。」就在這時，艾偉看到一個令他驚惶失措的景象：一隻母牛在一間棉花屋子的屋頂上。

尤利西斯·艾偉·麥吉爾從沒有從對現代那（宗教式）委身中省悟過來。雖然他的科學信仰一直受到挑戰，他仍然緊抓著啟蒙的宗教。電影結束時盲眼先知沿著路軌走下去，留待觀眾自行作出決定。

利奧塔的宣稱：後現代主義是對宏大敘事存疑

我們可以將後現代主義理解為：對理性作為真理的惟一保證和傳遞的信心減低，加上對科學 —— 特別是現代科學自負地宣稱對一切都有終極的理論 —— 抱深刻的懷疑。尤利西斯·艾偉·麥吉爾體現了現代性。但這種現代性現在從頭至尾都受到理性以外的事物——盲眼的先知沿著鐵路走——煩擾。從某個角度來說，我們看見現代、科學主義的世界觀，與古代—後現代、神祕的世界觀之間的張力。我們自己的經驗也是這樣：我們仍未進入全新的後現代世界；我們的現代世界受到後現代的懷疑和批評擾亂和煩擾。我們的時代有點像洛杉磯的市中心，那裏的建築物反映了這兩個時代。並不是後現代來到，將現代摧毀；而是蓋瑞（Frank Gehry）的後現代建築那些曲線和兼收並蓄，在靈感來自柯比意（Le Corbusier）的現代玻璃箱和搖搖欲墜的「工程」旁邊昂然矗立。

利奧塔對後現代主義的論述正是處於科學和敍事這種張力和衝突之中。利奧塔是其中一個最早敢於為後現代主義這新造物下定義的人。在應魁北克政府委託撰寫的「關於知識的報告」中，利奧塔以這個宣稱開始他的分析：「簡化到最極端，我將**後現代**定義為對宏大敍事存疑。」(此語出自*The Postmodern Condition*，下簡稱*PC*)[4]那個（奇怪地）被翻譯為「宏大敍事」（metanarratives）的法語辭彙是*grand reçits*，意思是大故事。因此，後現代主義是懷疑和不相信「大故事」。如果曾經有任何大故事，那就是聖經提供的大敍事，講述由創造直到時間完結（及以後）的故事。因此，如果後現代主義是對宏大敍事存疑，而聖經講述的基督教信仰正是這種宏大敍事，那麼後現代主義和基督教信仰一定是對立的：後現代主義者永遠都不能相信基督教的宏大敍事；而基督徒則不應該參與後現代主義的不相信。正如德希達的情況一樣，人們往往將利奧塔的宣稱和正統基督教信仰理解為互相排斥。我們甚至在對後現代性進行最細緻評論的基督徒中也找到這種解讀。[5]

不過，這個判斷有點過於草率——這是另一個需要解神話化的神話。這是對利奧塔一種標語式解讀，對他所指的宏大敍事沒有細心的理解。也因為這樣，這也誤解了不再相信宏大敍事——關於宏大敍事要存有懷疑——的意思。這一章會更小心地處理利奧塔的批評，並表明基督徒應該發覺利奧塔不是敵人而是盟友：正統基督教信仰實際上要求我們也不再相信宏大敍事。

因此，我們需要做的第一件事是定義「宏大敍事」這個詞——或者更具體地清楚掌握利奧塔對這個詞的定義。只有這樣，我們才能夠明白他後現代主義是對宏大敍事存疑這個宣稱。一般來說，人們認為這個詞只是指大故事——宏大、史詩式的敍事（*grand reçits*），講述一個關於世界，統攝一切的故事。換句話說，很多人都假設宏大敍事是後現代不相信的對象，是因為這些敍事的規模，因為它們對現實作出宏大、整全的宣稱，而且有普遍性這個意圖。[6]換句話說，正如韋斯範（Merold Westphal）提出，宏大敍事只是巨大敍事（meganarratives）。[7]如果是這樣——任何有整體規模的大故事都是宏大敍事，那麼聖經關於創造、墮落、救贖和終末性完成的敍事都是後現代懷疑和不相信的合理對象。

但利奧塔的宏大敍事並不是這個意思。對利奧塔來說，重要的不是這些敍事的規模，而是它們提出的宣稱的性質。用另一種方式表達，問題不在於它們講述的故事，而在於它們講述那些故事的方式（以及某程度上，為甚麼它們講述那些故事）。對利奧塔來說，宏大敍事是現代一個獨特現象：它們不單講述宏大故事（因為甚至前現代和部落故事也是這樣），也宣稱能夠藉著訴諸普遍理性，支持或證明故事的宣稱。因此，對利奧塔來說，在《逃獄三王》中，提供宏大敍事的不是宗教信徒或先知，而是經科學啟蒙的尤利西斯·艾偉·麥吉爾。是現代科學主義關於世界的故事那假設的理性令它們成為宏大敍事。根據利奧塔的解釋，荷馬的《奧德賽》雖然講述一個宏大故事，並對人類本性提出普遍的宣稱，但卻不是宏大敍事，因為它沒有訴諸假設的普遍、科學理性支持自己；相反，它是一種宣告或佈道，要求以信心作回應。另一方面，現代理性主義（康德〔Kant〕）、科學自然主義或社會生物學講述的科學故事是宏大敍事，因為它們宣稱可以單憑理性加以證明。

對利奧塔來說，主要的張力不在於大故事和小故事之間，或整體敍事相對於地區敍事之間。他闡述的張力是科學和敍事之間的衝突：以現代科學的標準判斷，故事和敍事只比神話好一點。不過，在被催迫時，科學必須支持自己：它必須產生一種合法化的論述，利奧塔只是稱之為哲學。因此，在決定**後現代**是甚麼意思前，利奧塔首先界定他所指的**現代**是甚麼：「我會用**現代**這個詞來代表任何以指涉這種宏大論述，明確訴諸某些宏大敍事來合法化自己的科學。例如精神的辯證法〔黑格爾（Hegel）〕、意義的詮釋學〔士萊馬赫（Schleiermacher）？〕、理性的解放〔康德〕或工作主體〔馬克思（Marx）〕或財富的創造〔亞當·斯密（Adam Smith）〕」（*PC*, xxiii）。現代和後現代的關係這個問題圍繞「合法性」這個課題。那麼，現代性訴諸科學來支持自己的宣稱——而我們所說的「科學」只是表示普遍、自明的理性這個觀念。那麼，科學是敍事的對立，敍事並不試圖證明自己的宣稱，而是在故事中宣告自己的宣稱。

真理的神話和神話的真理

但根據利奧塔的見解，後現代主義提出，現代性的國王是沒有穿衣服的！在後現代對現代的批評的核心，是揭露科學——它強烈批評敍事的「神話」——本身也是建基於敍事。現代在自己身上看不到的是敍事怎樣滲入科學。利奧塔在「敍事知識」和「科學知識」之間作出區分——後者絕對是現代的，而前者則同時是前現代和後現代的。他講述科學和神話（或「傳統知識」）的分別時也作出同樣的區分。敍事知識建基於文化的習俗，而這並不需要支持。利奧塔將這和一種部落的範式連繫起來，在其中，一羣人民（*Volk*）的同源，加上一個敍述者的權威，便產生一種直接的自動支持。[8]利奧塔指出：「敍事本身便有這種權威。」從某意義來說，「人民只是使敍事成真的人」（*PC*, 23）。他們並不要求以證明作為支持；敍事作為人民的故事，本身已隱含支持。

和這種自動支持不同，現代的科學文化將支持這個問題外在化。利奧塔用溝通的語用學來解釋這一點。說話的人提出一個事實的宣稱，這人是「傳遞者」；而接收或聆聽這個宣稱的人則是「接收者」。傳遞者和接收者這語用的兩極是明確分開的，而接收者要求傳遞者提供理由支持自己為甚麼將信息傳給她。身為傳遞者，我必須提供「證明」（*PC*, 23-24）。不過，由於前現代人民的同源性已經消失，我們沒有直接或之前已經同意的共識。用利奧塔的話來說，我們沒有相同的語言遊戲。這樣，現代的支持便訴諸普遍準則：理性——（人們假定是）支持的普遍印記。這種轉變產生利奧塔那著名的宏大敍事：訴諸一些支持準則，是被理解為在任何特定語言遊戲以外，因此保證是普遍真理。而後現代性對宏大敍事的懷疑正好是在這裏：宏大敍事只是另一種語言遊戲，雖然它假裝是所有遊戲之上的遊戲。或者正如利奧塔說，科學知識自詡為比敍事知識優勝，但本身卻暗地裏建基於敍事（也就是原創的神話）。

利奧塔特別分析兩個現代的支持性敍事。第一個是解放的人本主義宏大敍事（康德和馬克思）；第二個是德國唯心主義關於生命和精神（Spirit）的宏大敍事。我們對理性市場經濟或從達爾文（Darwin）開始的社會生物學穩步興起，也可以進行類似的分析。但我們從遠到柏拉圖那時，已經可以在知識中看到這種神話[9]的滲入，而「科學的新語言遊戲，從一開始便為自己的支持帶來問題」（*PC*, 28）。例如：在《共和國》卷六和卷七，對支持的回答（這裏同時指知識論和社會政治兩方面）「以敍事形式——洞穴的比喻——出現，講述人怎樣和為甚麼渴求敍事，以及不能認出知識。因此，知識是建基於關於它自己的殉道的敍事」（*PC*, 28-29）。利奧塔論證說，以類似的方式，現代科學知識在（自己）要求支持自己時，只能夠訴諸敍事——這種「敍事在非敍事中回歸」是「無可避免」的（*PC*, 27-28）。好像喋喋不休的尤利西斯·艾偉·麥吉爾一樣，現代和它的科學不能不講故事（還有比《物種起源》〔*On the Origin of Species*〕更大的故事嗎？）——同時又宣稱它們反對這種「傳說」。科學家和現代哲學家仍然講故事；正如利奧塔指出：「國家花費大量金錢，令科學可以冒充史詩」（*PC*, 28）。每當科學試圖支持自己時，它便不再是科學，而是敍事，它訴諸一種定向的神話，是不受科學支持影響的。現代的科學要求它做本身不可能做的事情：「科學的語言遊戲渴望自己的陳述是真實的，但卻沒有資源自行支持它們的真實性」（*PC*, 28）。訴諸理性作為構成知識的準則，只是眾多語言遊戲中的一種，由在遊戲裏面決定甚麼構成知識的基礎信念或許諾模塑；理性是建基於神話。因此，「宏大敍事」是利奧塔用來給這些虛假地訴諸普遍、理性、科學準則的東西的名稱。它們彷彿脱離任何特定的神話或敍事。但對後現代主義者來說，每個科學家都是信徒。

在這裏我們必須回到較早時提出的問題：如果後現代是對宏大敍事存疑，後現代主義是否象徵拒絕基督教信仰，因為它是建基於聖經的大故事？答案明顯是否定的，因為聖經的敍事和基督教信仰並非以訴諸普遍、自明的理性，而是訴諸信心（或者可以翻譯為神話或敍事）來支持自己的宣稱。雖然這樣，有些人可能提出基督教信仰可以用理性支持。例如：在福音派的護教討論中，古典或提供證據的護教者（相對於前設主義者）可能論證說，基督教信仰是建基於理性，因此構成宏大敍事。我不會重述關於護教方法的辯論歷史，但卻會指出古典或提供證據的護教學會墮入利奧塔對宏大敍事的批評中（因為它配合普遍理性的觀念），而這種批評會受到前設主義者歡迎。與利奧塔的一種建設性交往是考慮他對語言遊戲的討論和對宏大敍事的批評，以及它與對前設性論述及對自明理性的批評之間的關連。[10]以另一種方式表達：古典護教學對知識和真理的理解是頗為明確地現代的。

利奧塔十分具體地將宏大敍事定義為合法性的普遍論述，掩飾了自己本身的獨特性；也就是說，宏大敍事雖然以它們的敍事根基為基礎運作，但卻否認這個根基。我們特別必須留意，後現代的批評不是針對宏大敍事，因為它們實際上建基於敍事；相反，宏大敍事的問題在於它們沒有承認自己的神話基礎。後現代主義不是對敍事或神話存疑；相反，它揭示所有知識都是建基於敍事或神話。一旦我們明白這點，米德爾頓（Middleton）、沃爾什（Walsh）、葛倫斯、因格拉菲亞（Ingraffia）和其他人提出的（虛假的）二分便消解了，因為聖經的敍事不是正式的宏大敍事。結果便開拓了新空間讓基督徒挪用後現代對啟蒙理性的批評。

因此，後現代狀況的特點不是在規模上或史詩式宣稱的意義上拒絕大故事，而是揭示一個事實：所有知識都植根於**某種**敍事或神話——這是較早時由薛華和范泰爾提出的洞見。不過，結果（在這裏我指出後現代性的一個真正問題）是利奧塔所說的「合法性問題」（*PC*, 8）（或者哈伯瑪斯〔Jürgen Habermas〕）所說的「合法性危機」），因為我們以為是普遍準則的東西，已經被揭露為只是眾多遊戲的其中一種。例如：如果我們考慮深刻的道德分歧和對善互相競爭的看法這個現實，後現代社會便不能在互相爭競的宣稱中作出裁決。我們不能訴諸更高的法庭，可以超越歷史背景或語言遊戲；也沒有中立的觀察者或「神的觀點」，可以合法化或支持某個範式或道德語言遊戲凌駕其他範式或語言遊戲。如果所有道德宣稱都由歷史許諾的範式作為條件，那麼它們便不能超越那些條件；因此每個道德宣稱都在某種由範式作為條件的「邏輯」中運作。換句話說，每種語言遊戲都有自己的一套規則。結果，決定甚麼構成證據或證明的準則都必定與遊戲有關：它們只會對那些有同一範式或參與同一語言遊戲的人發揮規則的功用。語言遊戲的不可通約性表示有邏輯的多元性，排除任何結論性地訴諸共同理性。明白語言遊戲的不可通約性和互相競爭的神話的多元性，表示沒有共識——沒有*sensus communis*——存在。很多人，尤其是基督徒，都為這種狀況哀歎（因此自然律理論復興，宣稱可以為一切找到共同的基礎）。但這情況真的好像我們以為那樣糟嗎？例如：我們是否為了失去美國一度是非常現代的霸權而哀歎？我們的情況真的與使徒保羅或奧古斯丁的情況很不同嗎？我們應該嘗試為整個國家建立一個共同神話——一個君士坦丁式策略，還是教會應該只是在這互相競爭的神話的多元性中作見證？（我們在下面會再討論這些問題。）

面對這個困難，我們必定不能無視一個事實：構成後現代狀況的正是語言遊戲的多元化，在這個狀況中，沒有任何故事可以宣稱有普遍的自動合法性（因為「人民」的多元化），也不能訴諸虛幻的普遍理性（因為理性只是眾多神話的其中一個，它本身也植根於敘事）。而這多元化是建基於每個語言遊戲都以不同敘事或神話（也就是基礎信念）為基礎這個事實。無論我們將這理解為新的巴別塔或是新的五旬節，這個狀況雖然帶來挑戰，但也為基督徒在後現代的見證帶來獨特的機遇。那些好像尤利西斯·艾偉·麥吉爾的人在我們的時代仍然會堅持下去，但後現代也開放空間給達瑪的信仰敘事。

將利奧塔帶到教會

糾正了將後現代主義對宏大敘事存疑作標語式理解，並看到根據利奧塔的見解，後現代主義質疑對知識的理性主義式理解後，我們開始看到後現代主義怎樣開展空間，讓基督徒的見證在宣告，在敘述故事時可以變得勇敢。在現代時期，科學是國王，它為甚麼才是真理定下規則，批評信仰是傳說；但後現代卻讓我們看到國王是沒有穿衣服的。這樣，我們不再需要為信仰致歉——我們宣講福音敘事時可以毫無愧色。因此，後現代對宏大敘事的批評呼應薛華和杜爾維較早以前對理性自主的批評。這樣，利奧塔對宏大敍事的分析和批評對基督教信仰和教會的生命有兩個重要的含義。

我們知識的充滿信仰性

歸根結柢，在後現代主義中，重要的是信仰和理性之間的關係。利奧塔形容後現代主義為對宏大敍事存疑時，顯示一種對自明理性這個觀念，一種沒有終極許諾的普遍理性的懷疑及批評。現代的宏大敍事不能脱離敍事，不能不以敍事作為它們最終的基礎；因此也不能脱離神話和定向的信念，本身是不受理性合法性支配的。從這個角度看，讓我們考慮例如奎恩（Thomas Kuhn）對範式在科學研究中扮演甚麼角色的分析。奎恩的《科學革命的結構》（*Structure of Scientific Revolutions*）由信仰的語言[11]主導。在這本書中，奎恩指出範式作為「信念的薈萃」[12]的角色，這個角色為我們怎樣看世界定向，並決定我們視甚麼為知識和真理。換句話説，科學本身建基於先在信念，不承認合法性，而是作為進一步合法性的基礎。範式本身是一個信念，關乎信仰。也正是在這個層面，維根斯坦（Ludwig Wittgenstein）指出：「如果我窮儘了我最基本的支持，我便束手無策，那麼我便傾向說：『我就是這樣做。』」[13]我們也可以加上迦達瑪（Gadamer）、博藍尼（Polanyi）、德希達等人；他們都限定理性，特別是科學、客觀理性這些啟蒙的理想。

從這個意義來説，利奧塔描述為對宏大敍事存疑這種後現代提出的批評，代表了將自明理性這個觀念置換為神話。基督徒應該與這個計劃結盟，特別是在我們澄清了這種結盟毋須放棄聖經敍事的時候。藉著質疑自明、客觀、中立的理性這個觀念，我論證説後現代代表了恢復一種基本上是奧古斯丁式的知識論，留意信仰先於理性在結構上的必須，要明白便要相信——信任藉以詮釋。[14]雖然這種奧古斯丁式結構是形式化的——意思是有多元的信仰，就好像有多種語言遊戲那樣，但和現代（或許甚至是托馬斯式）[15]的知識論（知識的理論）相對，這種結構（信仰先於理性）仍然有其合適的位置。

後現代主義對宏大敍事的存疑來自現代否認它自己的委身，拒絕自己的信仰，同時又從沒有逃脱這信仰這個事實。後現代主義拒絕相信啟蒙是沒有信條的。但要留意：後現代的批評並不要求現代思想放棄它的信仰（可以肯定這種要求是現代的姿態），而是要它承認那信仰——公開承認自己的信條。因此，我們可以視後現代的批評為重估神話，定向信仰，為宗教論述提供新的空間——在已經顯示每個人都「有宗教」的氣候下，更特別是一種基本上是基督教的哲學。

這種洞見對基督徒學者和思想家會有甚麼幫助？我不是想提出利奧塔的分析具體地幫助我們理解基督教信仰；換句話説，我不是提出我們要向利奧塔求助，來理解基督教的信仰委身。我的意思是基督徒思想家應該在利奧塔對宏大敍事和自明理性的批評中找到盟友，在後現代世界，在思想和實踐方面都為徹底的基督徒見證開拓空間。藉著質疑普遍、自明理性這個理想（在啟蒙時代，這是拒絕宗教思想的基礎），並進而表明所有知識都建基於敍事或神話，利奧塔將（世俗）哲學自明的宣稱相對化，從而給予建基於基督教信仰的哲學合法性。以前這種獨特的基督教哲學由於受到偏袒和偏見「污染」，被人從哲學的「純潔」領域中驅逐。不過，利奧塔的批評顯示沒有哲學——實際上是沒有知識——不受偏見或信仰委身所沾染。這樣，比賽場地便被整平了，也創造了新機會讓基督教哲學發聲。因此，利奧塔對宏大敍事的後現代批評不是基督教信仰和思想的可怕敵人，實際上更可以被我們徵召為盟友，一起建構基督教哲學。

但除了對基督徒學術界的意義外，後現代對宏大敍事的這種批評對基督徒事奉和公開見證也有重要影響。就後現代的批評的有效性來說，我們必須放棄中立的公共空間和世俗領域這些現代觀念。[16]將信仰排除於公共領域是現代的議程；在觀念的廣大市場中，後現代應該標誌著基督徒見證有新的機遇和機會。不過，我們必須小心，不要繼續以現代的方式宣揚那見證：嘗試以我們自己的理性證明基督教信仰的真理，然後將我們的信仰強加在多元的文化上（這往往被稱為君士坦丁式議程）。後現代的新護教學會呼應薛華那種耐心的前設主義式護教學——將每個人的前設展示出來，然後敍述基督教信仰的故事，容許別人看到這故事怎樣解釋我們的經驗和我們的世界。雖然新的護教學是**非**護教學，它的特點同時是講述信仰故事，而不是論證。它必須是宣講和神魅：以聖靈的能力宣告福音的故事。

我們信仰的敍事本質

有太多基督徒都只是尤利西斯·艾偉·麥吉爾的虔誠版本；也就是說，有太多基督徒接受了科學事實的現代估價，結果將基督教化約為只是另一套命題。我們的信念壓縮在「信仰陳述」中，這些陳述只是將一些關於神、耶穌、聖靈、罪、救贖等等的陳述分門別類。知識被化約為聖經資料，是可以被壓縮和編碼的。[17]這樣，以超過一種方式，我們對基督教信仰的解釋便屈從於現代，以及利奧塔所說的現代對知識的「電腦化」，顯示一種狀況，在其中任何不能轉為簡單「代碼」或化約為「數據」的知識都被放棄（*PC*, 4）。[18]但神給人的啟示不是以一套命題或事實的形式，而是在一個敍事裏面——一個從創世記到啟示錄的宏大、全盤的故事——不是很奇怪嗎？我們忘記了神啟示的主要媒介是在聖經正典中揭示的一個故事，當中不是有意思嗎？

藉著指出所有知識基本上都是以敍事為基礎，利奧塔提醒我們基督教信仰最終的敍事本質。這呼應了後自由神學（例如在侯活士〔Stanley Hauerwas〕的著作中那種），這種神學強調啟示的敍事性質。[19]為甚麼敍事是重要的？而它和命題性知識有甚麼分別？首先，敍事是更全面的溝通（因而也是啟示）方式，能夠激發想像，令整個人投入神的故事揭示的具體世界中。第二，基督教信仰——與幾乎所有其他世界宗教（除了猶大教）不同——並不是一個以收集起來的觀念形成的宗教。信仰和神在世界的救贖行動的事件和故事連在一起，不能分開：基督教信仰建基於聖言，祂「在本丟彼拉多手下受苦」，而這工作只能夠藉著敍述，藉著講故事才能夠恰當地宣告。將基督教信仰化約為四個屬靈定律這個觀念標誌著深深地屈從於科學知識，而後現代主義則標誌著恢復敍事知識，應該包含更有活力、無愧地宣告神在基督裏的故事。因此，在後現代教會中聖經必須保持它的中心地位，因為正是聖經正典的故事敍述我們的信仰。

我們信仰的敍事本質不單應該影響我們的宣講和見證，也應該影響我們的崇拜和模塑。雖然我會在第四章集中討論模塑的問題，我想在這裏強調基督徒的崇拜應該怎樣週復週地重新上演福音的敍事，藉以教導我們怎樣在故事中找到自己。對我們的門徒訓練和模塑十分重要的是能夠將我們自己寫進神在世界的救贖行動這個故事中——能夠找到我們在戲劇中的身分，我們在故事中的角色。要這樣做，我們便需要認識那個故事，而那個故事應該在我們身為神的百姓聚集在一起——也就是崇拜——時傳遞。也正因為這樣，大部分後現代教會都學會變得古老，重新上演聖經的敘事。[20]正如利奧塔講述敘事知識時顯示前現代和後現代之間有連繫，後現代的崇拜（明白敘事的角色）也應該標誌著恢復禮儀的故事——在我們崇拜的方式中敘述創造、墮落、救贖（以及釘十字架、埋葬和復活）。[21]

講故事的教會

與利奧塔和後現代主義相遇後，教會應該有甚麼不同？這對實踐有甚麼含義？以我們在第二章對解構教會的初步參觀，以及這一章的建議為基礎，讓我們藉著探訪一間「講故事」的教會，繼續在後現代教會的旅程。有甚麼事發生？

同樣，我們發覺聖經的角色是十分重要的。它不單是傳達我們怎樣理解世界的文本，也是敘述我們在其中的角色的大故事。每個星期崇拜的羣體都面對神的敘事，這位神與祂的百姓立約，祂忠於祂的應許，在歷史中行動，與祂的百姓建立關係。[22]耶和華的故事以救恩的戲劇這個方式揭示出來——在這戲劇中，耶和華是「主角」[23]，但我們每個人都有角色。為了明白這個故事的廣度，每個星期後現代教會都敘述戲劇不同的「幕」中的不同「場景」：從舊約選出一場，從福音的敘事選出一場，從書信也選出一場。[24]

但除了敘述在聖言中的故事外，後現代也在實踐中敘述那個故事。好像初期教會（徒二42，二十7）那樣，這個後現代羣體每星期守聖餐，因為在守聖餐中，羣體敍述福音的故事：主耶穌基督的受死、埋葬和復活。這故事在神和祂的百姓之間頒佈了一個新約。在這吃和喝的行動中，羣體宣告主的死亡，「直等到他來」（林前十一26）。後現代教會不單是一個以聖經的敍事為中心的故事羣體，也是一個聖餐羣體，以行動重演那敍事。而且，主餐的象徵和符號為我們體現福音。由於後現代教會重視敍事，它也重視故事和物質符號及象徵產生的美學經驗的價值。用另一種方式表達，由於故事的角色得以恢復，它作為一種文學，能夠激發想像；後現代教會也重視一般的藝術，作為體現神信實的故事的典型媒介。後現代教會視搗毀聖像為現代柏拉圖主義的一種病徵，它肯定美學（影響感官的東西）在講述故事中的角色。正如神透過聖言——不可見的神的形像（西一15）——成為肉身來與人類溝通，神也繼續透過餅和酒的物質象徵，也透過影像和舞蹈向教會説話。[25]

後現代教會抗拒實用主義式的佈道傾向，這種傾向嘗試將故事「淺陋化」，令它可以接觸及吸引文化。相反，後現代教會肯定，聖經敍事按它被講述出來的方式本身是歷久常新（和適時）的。後現代教會沒有嘗試將聖經故事翻譯為當代、更「容易被接受」的敍事（結果通常是以敍事遷就文化），而是尋求引導聽眾進入敍事。真正的基督徒崇拜既邀請外人進入福音故事，也提供重要的途徑模塑耶穌基督的門徒。換句話説，真正的崇拜並不需要在接觸尋道者和建立聖徒之間作出選擇。道成肉身的崇拜同時做這兩件事。正如蘇格蘭教會崇拜所用的《公共禮儀書》（*Common Order*）所説，公共崇拜既是「使人歸信的儀式」，也是「培育人的儀式」；[26]也就是說，崇拜既可以是邀請失喪的人進入基督的身體的方式；也可以建立聖徒，模塑他們成為以心、靈、思想和力量追求國度的百姓的方式。

因此，崇拜需要以殷勤作為特點；它需要吸引人。但同時它也應該吸引尋道者進入教會和教會那獨特的故事和語言。[27]崇拜應該是實行跨文化殷勤的時機。讓我們考慮一個類比：我到法國時，我希望感到自己受歡迎。但我不期望法國的主人變成美國人，藉以令我感到自在。我不期望他們說英語，點薄餅吃，談論紐約洋基隊（New York Yankees）等等。事實上，如果我想要這些東西，我只需要留在家鄉！相反，我希望他們歡迎我進入獨特的法國文化；這正是我到法國的原因。我也知道這表示我也需要付出努力。我期望事情會有所不同；事實上，我正是要尋找這些不同。我認為殷勤的崇拜也是這樣：尋道者在尋找一些文化不能提供的東西。很多人都不想得到他們在商場已經找到的東西的宗教版本。後現代或X世代的尋道者尤其是這樣：他們尋找「音樂電視」永遠都不能給他們的超越和挑戰元素。他們找尋的不是福音的音樂電視化版本，而是古老的福音的神祕實踐。

福克斯（Quinn Fox）最近以一個關於星巴克（Starbucks）和教會的了不起類比掌握了這一點。他提出教會「可以從咖啡的語言中學到一些關於集體崇拜語言的東西。星巴克似乎明白有人們需要學習閱讀的獨特餐牌並不是壞事。」在他的見證中，福克斯承認：「我沒有繼承父母對咖啡的支持。我是在差不多四十歲時才『發現咖啡』的。」要接受咖啡，他需要學習一種新語言，就是星巴克那些意大利用語。但這並沒有令他感到討厭；他沒有抱怨那語言並不容易使用。相反，他感到自己獲得邀請進入一個世界：

> 在繁忙時間，一羣忠心的人有秩序（即使是緩慢）地在櫃枱排隊。他們點咖啡時可能是這樣的：「我要一杯大、脫脂、三份、有兩泵薄荷的牛奶咖啡，再加上大量奶油。」收銀員高聲轉述客人的要求。我們不用擔心那些奇怪的用語會令他們說得結結巴巴。聖殿的助理將早上這些「說不出的歎息」翻譯為完美無瑕的意大利咖啡語言，藉以將這些歎息傳遞。在櫃枱後面忙於預備咖啡的侍者（Barista）（發音甚至有點像「神甫」〔priest〕）逐字重複顧客的要求，彷彿將自己所說的話變成存在。在更重視關係的特許經營者那裏，客人的名字會附在他們點的咖啡上。當咖啡按客人的獨特要求預備好後，侍者再次吟唱出客人的要求，只是表明那塗油儀式已經完成。[28]

後現代崇拜也做類似的事情：將本身定位為古老、古怪的實踐，但卻不單邀請忠心的人，也邀請尋道的人進入故事的節奏和韻律中。

最後，後現代教會明白，它的主要責任是為世界活出那個故事。教會是神的戲劇上演的舞台；這樣，我們基督徒便有責任「好好演出」，我們可以說，這是忠心地在教會活出神的愛，而教會是愛和公義的羣體。我們講述的故事應該由我們活出的故事來支持。

註釋：

1 *Brother, Where Art Thou?* DVD，由Joel and Ethan Coen導演（Burbank, CA: Touchstone Home Video, 2001）。

2 推銷聖經的獨眼巨人大丹（Big Dan）也有這種觀念。他借大蕭條這個時機出售聖經，作為貧苦大眾的鴉片。正如他說，「在這個痛苦和缺乏的時期，人們都在找答案，」聖經很有市場。

3 也不可以藉著女人找到！正如艾偉指示達瑪：「永遠不要信任女性……達瑪，真理對女人是沒有意義的。她們最擅長主觀！」

4 Jean-François Lyotard, *The Postmodern Condition: A Report on Knowledge*, trans. G. Bennington and B. Massumi (French original, 1979; Minneapolis: University of Minnesota Press, 1984), xxiv；文中簡稱為*PC*。有關對Lyotard的論證更詳細的學術論述，參我的"Little Story about Metanarratives: Lyotard, Religion, and Postmodernism Revisited," *Faith and Philosophy* 18 (2001): 353-368。

5 我想到Richard Middleton and Brian Walsh在其他方面都很出色的著作：*Truth Is Stranger Than It Used to Be* (Downers Grove, IL: InterVarsity, 1995)。Stanley Grenz, Henry H. Knight III和Brian Ingraffia對後現代主義和基督教也有這種對立的理解。

6 例如：參Middleton and Walsh, *Truth Is Stranger*, 70-71。

7 Merold Westphal, *Overcoming Onto-Theology: Toward a Postmodern Christian Faith* (Bronx, NY: Fordham University Press, 2001), xiii.

8 我們很難不將這事與John Calvin對聖經的autopistie或自證為真的論述作比較（參Institutes, I.vii.5）。正因為這樣，Michael S. Horton在*Covenant and Eschatology: The Divine Drama* (Louisville: Westminster John Knox, 2002)中提出，Calvin和後宗教改革學者在某程度上是「後基礎主義」神學家。關於歷史的論述，參Richard A. Muller, "Sources of Reformed Orthodoxy: The Symmetrical Unity of Exegesis and Synthesis," 收錄在*A Confessing Theology for Postmodern Times*, ed. Michael Horton (Wheaton: Crossway, 2000), 43-62。

9 在這裏我們不應該以現代、神學主義的方式將「神話」理解為相對於真理的「虛構」；相反，它表明的是真理的宗教、認信地位。我們在這裏也應該以C.S. Lewis提出的意思來理解神話。Lewis認為想像帶有真理的功能，透過神話而不是命題傳遞信息。神話容許我們「將本來是抽象的東西，以具體的方式來」經驗。參C.S. Lewis, "Myth Became Fact," 收錄在*God in the Dock: Essays on Theology and Ethics*, ed. Walter Hooper (Grand Rapids: Eerdmans, 1970), 67。我要感謝Kevin Vanhoozer提醒我留意Lewis這篇文章。

10 關於後者一個細緻的討論，參Herman Dooyeweerd, *In the Twilight of Western Thought: Studies in the Pretended Autonomy of Theoretical Thought*, ed. James K.A. Smith, Collected Works, B/4 (Lewiston, NY: Edwin Mellen Press, 1999)。

11 關於這種段落幾個經挑選的例子，參Thomas Kuhn, *The Structure of Scientific Revolutions*, 2nd ed. (Chicago: University of Chicago

Press, 1970)，關於信念，參頁2、4、17、43、113；關於許諾，參4-5、7、11、40-43；關於傳統，參6、10、39、43。

12 Kuhn, *The Structure of Scientific Revolutions*, 175.

13 Ludwig Wittgenstein, *Philosophical Investigations*, trans. G.E.M. Anscombe (New York: Macmillan, 1959), 217及其後。

14 參我的"The Art of Christian Atheism: Faith and Philosophy in Early Heidegger," *Faith and Philosophy* 14 (1997): 71-81；以及同上，"Is Deconstruction an Augustinian Science? Augustine, Derrida, and Caputo on the Commitments of Philosophy," 收錄在*Religion with/out Religion: The Prayers and Tears of John D. Caputo*, ed. James H. Olthuis (London: Routledge, 2002), 50-61。

15 正如Francis Schaeffer在*Escape from Reason*中提出，自明理性這個觀念不是啟蒙所獨有，在Aquinas對自然理性的理解中已經存在。Aquinas和Augustine在這點上有不同意見，正如從Aquinas對Boethius的*De trinitate*, Q.1, art. 1的評論中可以看到。我在這裏的目的不是要仲裁那辯論，而是提出一個要求進一步考慮的問題。關於相反的論證，參John Milbank and Catherine Pickstock, *Truth in Aquinas*, Radical Orthodoxy Series (New York: Routledge, 2001)。

16 關於這些世俗的「欺侮」策略一個富洞見的分析，參Stephen L. Carter, *The Culture of Disbelief: How American Law and Politics Trivialize Religious Devotion* (New York: BasicBooks, 1993)。

17 這在D.A. Carson, *Becoming Conversant with the Emerging Church: Understanding a Movement and Its Implications* (Grand Rapids: Zondervan, 2005), chap. 7: "Some Biblical Passages for Evaluation"中可以頗為明顯地看到。這一章輯錄了一連串證明文本，作者假定只需要引證那些經文── 一種關於使用「真實」或「真理」這些詞語的聖經經文的小型經文彙編── 便能夠自明地批評「堅定的後現代主義」。Carson在這點上對McLaren的批評，特別是關於敍事這個問題（163-166），是誤解的一種史詩式歷險。

18 這樣將福音「命題化」也是反宣教的。如果福音的所有「事實」或「數據」都已經「現成存在」，那麼便再沒有甚麼需要做了。不過，如果敍述和實行是中心的話，宣教便是中心和持續的。我要感謝Bill VanGroningen和我談論這點。

19 也參近期關於恢復這個主題的號召，見Michael S. Horton, *Covenant and Eschatology: The Divine Drama* (Louisville: Westminster John Knox, 2002) 和Kevin J. Vanhoozer, *The Drama of Doctrine: A Canonical-Linguistic Approach to Christian Theology* (Louisville: Westminster John Knox, 2005)。

20 Robert Webber在*Ancient-Future Faith: Rethinking Evangelicalism for*

a Postmodern World (Grand Rapids: Baker, 1999)中提出類似的見解。

21 我會指出在反思崇拜神學方面，Marva Dawn的著作是十分重要的。

22 關於豐富地講述行動的神的故事，參Michael Horton, *Covenant and Eschatology*。

23 也就是說，崇拜是關乎神的榮耀，不是滿足個人的需要。有關恢復神作為崇拜焦點的重要性，參Michael S. Horton, *A Better Way: Recovering the Drama of God-Centered Worship* (Grand Rapids: Baker, 2002)。

24 建基於第二章對經課集的使用。它們會幫助羣體在一段時間內讀完整個故事，而不單是我們喜歡的場景。

25 我們會在第五章更詳細考慮美學和禮儀。

26 有關這點，參William Storrar, "From Braveheart to Faint-Heart: Worship and Culture in Postmodern Scotland," 收錄在*To Glorify God: Essays on Modern Reformed Liturgy*, ed. Bryan Spinks and Iain Torrance (Grand Rapids: Eerdmans, 1999), 70-71。

27 有關這些問題，我大大地得益於Marva Dawn的*Reaching Out without Dumbing Down: A Theology of Worship for This Urgent Time* (Grand Rapids: Eerdmans, 1995)。

28 參Quinn Fox, "Liturgy and Starbucks," Perspectives (February 2003)。互聯網：http://www.perspectivesjournal.org/perspectives/2003/02/seeit-starbucks.php

4

權力／知識／規訓

福柯與後現代教會的可能性

福柯的注意力投入權力的機構或制度：監獄和學校，醫院和工廠，性和金錢。他對後現代教會可以有甚麼話說？在這一章，我們會探討福柯「權力就是知識」這個宣稱，藉以看到這個宣稱對模塑基督徒和門徒訓練的洞見。

揭起帷幕：《飛越瘋人院》(*One Flew over the Cuckoo's Nest*)

醫院是一部機器——這是《飛越瘋人院》[1]中酋長(Chief)的論題。醫院是組合(Combine)的其中一部分。這個組合藉著它的權力和控制「重塑」個別的人。醫院的圍牆發出它那監視和壓制的機器的低沉聲音——「黑色機器的低沉聲音，低訴著憎恨、死亡和醫院的其他祕密。」[2]在俄勒岡州(Oregon)這間醫院的精神病病房裏，某程度上，酋長這位長期病人能夠看穿醫院的圍牆，因此也能夠直接觀察醫院的陰謀。甚至以治療為目標的策略實際上也是控制和支配的系統：從護理員到醫藥，從嚴格的日程和工作治療到只是用來侮辱病人的「治療小組」——一切都在乏味的背景音樂下進行，這音樂就是壓制的聲帶。

在機器的中心——但也是機器的一個影響——是拉舍德(Ratched)護士那雙時刻警剔的眼睛。從被玻璃窗圍繞的護士站那裏，她好像監獄的瞭望塔上的獄長那樣監視著病房。事實上，這個精神病病房是一種全景監獄，它的構造令權力的中心可以看到所有受它管轄的人，只需藉著監視——被人看見帶來的威脅——便可以監督著他們的行動。拉舍德護士監督這個環境，運用她的職業的所有工具實行她的監視和懲罰。她自己好像機械人一樣，是整部機器的眼睛和耳朵，它規訓的代理。酋長不時瞥見她的真我，她內心的活動，「她真正放開自己，她那假裝的笑容扭曲，變成咆哮，她爆發得比拖拉機更強力，以致我可以嗅到裏面的機械，就好像引擎拖著太重的貨物時你嗅到的氣味一樣。」[3]但正如酋長明白，拉舍德護士雖然是系統的面部，但她也只是系統的其中一部分。酋長總結說：「真正的巨大力量並不是那個大護士自己，而是整個組合，那個全國性的組合。那護士只是它們的一個高級人員。」[4]

當然，拉舍德護士沒有說自己的工作是監視，肯定也沒有說那是懲罰。她也沒有這樣想。那個機構表明的目標是治療和醫治。或者用酋長的機械比喻，醫院是修理的店舖——不是製造，因為樣本是由人帶進店裏；而是重新製造，將破爛的東西放在一個模裏，將邊沿敲掉，令那些東西配合社會期望的形狀。醫生只是技術員，他們進行的程序是設計來進行醫治的「安裝」。有時病人的線路的功能是那麼有障礙，以致醫院需要以高電壓（電休克療法）重設線路。雖然有些病人開始時有點擔心，但病人哈丁（Daniel Harding）解釋說，那個程序的目標只是機構的目標的縮影：「在這個國家，如果有些東西出了問題，最快解決問題的方法便是最好的方法。」有人提出這和「用電處死殺人犯」相似時，哈丁回應說：「兩種活動的關連比你想像的緊密得多；兩者都是治療。」[5]

不過，酋長真正關心的不是藥物和時間表、限制和電休克療法這些療程。他更關注的是組合那些更隱晦的運作，它那祕密的控制和支配——它怎樣在你不察覺的情況下「影響你」，它怎樣影響酋長的父親。酋長警告說：「他們以你不能對抗的方式影響你！他們**安裝**東西。他們很快看見你會變得很大，於是在你還小時便工作，安裝他們那邪惡的機械，而且一直繼續下去，直到將你**修理好！**」[6]

一天，麥梅菲（Randle P. McMurphy）闖進那個全景監獄。他被人從彭德爾頓（Pendleton）一個勞教農場送到這個精神病病房，被送到組合和拉舍德護士的控制之下。麥梅菲最需要被修理的地方是他不認為自己需要被修理。（麥梅菲被判到那裏，而病房的大部分其他病人都是自願住院，選擇接受治療這種修理。）麥梅菲成了拉舍德護士的一個項目。她視麥梅菲為一個計劃「接管」的「支配者」。但組合和它的使者絕對不容許這種事情發生。《飛越瘋人院》的敍述者講述系統試圖修理麥梅菲，以及他對抗系統的權力時的衝突，而麥梅菲的對抗啟發了包括酋長在內的其他人對抗系統的控制。但故事以系統勝利作為結束，高潮是麥梅菲被切斷腦白質，在嚴重病房裏差不多成了沒有生命的軀殼。（為了阻止麥梅菲的神話蒙污，酋長令已經被馴服的麥梅菲窒息而死。而因為麥梅菲的英勇反抗，酋長終於鼓起勇氣，打破精神病病房的玻璃，逃到周圍的山區。）

電影和小說生動和令人不安地描述了建制的權力，以及它試圖以「治療」和「病人的好處」這些家長式宣稱粉飾它的機制。雖然麥梅菲由於性本能驅使而對抗系統，因而成了英雄；但即使他給其他病人力量，也不能阻止組合的驅動齒輪：麥梅菲雖然被神話化，但卻被那機器壓碎。因此，《飛越瘋人院》留給我們的是我們從源自一九六〇年代的作品可以預期找到的東西：對建制、建制的權力和它們加諸我們的控制的深刻懷疑。最終只有拉舍德護士回來，醫院的陰謀繼續下去，組合在它的圍牆內繼續低鳴。如果我們要逃避建制權力的控制和裝飾，惟一的方法是跟隨酋長，穿過被打碎的玻璃，獨自在沒有制度但「自由」的地方遊蕩。

福柯的宣稱：權力就是知識

從某個意義來說，福柯是我們非神聖三位一體中的麥梅菲——有點由性本能驅使[7]的反抗者，藉著引證控制和系統在現代文化中的祕密支配性，抗議控制和對抗系統。如果福曼（Forman）的《飛越瘋人院》成了一代人的視覺頌歌，福柯的《規訓與懲罰》（*Discipline and Punish*；下簡稱*DP*）則成了後現代對各種規訓——由刑事司法到教育——的類似頌歌。[8]令人感興趣的是福柯的監獄歷史對好像學校、工廠和醫院等機構也有很多話說。雖然我們可以預期《飛越瘋人院》反映了福柯早期的著作《臨床醫學的誕生》（*The Birth of the Clinic*）[9]對醫院的特定分析，但在拉舍德護士監視下的精神病病房更像《規訓與懲罰》中描述的監獄系統。事實上，我們需要明白，福柯對「監獄的誕生」的描述並非真的關乎監獄；而是關於社會整體怎樣反映監獄。監獄只是社會的一個縮影。

對福柯來說，在我們最珍視和主要的機構——醫院、學校、商業和是的，監獄——的根本，是一個權力關係網絡。我們最著名的理想也是這樣；福柯宣稱，在根本之處，知識和公義都被化約為權力。我們現代人——特別是我們這些看「校園搖滾樂」

（Schoolhouse Rock）成長的現代人——都是由培根（Francis Bacon）的格言「知識就是權力」模塑，福柯的後現代格言則是「權力就是知識」。不過，福柯自己抗拒將這個觀念標語化。正如他澄清，他並非表示知識和權力是等同的；[10]他是要強調知識和權力之間那不可分離的關係。知識，或可以算為知識的東西，並不是中立地決定的。[11]相反，算為知識的東西是在一個權力網絡——社會、政治和經濟——內構成的。他在《規訓和懲罰》開頭不久便說，我們應該放棄權力令人瘋狂這個觀念；差不多相反的是，「我們應該承認，權力產生知識（而且不是單靠因為知識為權力服務而鼓勵知識，或因為知識有用而應用知識）；權力和知識直接必然包含對方；如果沒有知識領域的相關建構便沒有權力關係；也沒有知識是不同時預設和建構權力關係的」（*DP*, 28）。因此福柯經常談及「權力—知識關係」或權力／知識的「連結」。

好像《飛越瘋人院》的酋長一樣，後現代主義以一種深刻的懷疑詮釋學[12]為特點。正因為這樣，福柯跟隨尼采，描述自己在知識歷史中採用的方法為「系譜學」或「考古學」，而那任務是揭開祕密、湮沒的傾向和偏見，而這些傾向和偏見是模塑所謂真理的。[13]沒有真理的宣稱是單純的；沒有知識只是簡單地從天上降到我們心中，原始的，不受沾染。事實上，人們可以宣稱是明顯或自明的東西，也是祕密地由其他利益推動——權力的利益。如果有人說：「你是甚麼意思？事情就是這樣。你看不到嗎？」系譜學家福柯便追溯這種思想的家系，直到真正推動它的信念。或者用福柯的考古學比喻，他在客觀真理的表面之下挖掘，揭露出表面之下在運作的權力計謀。酋長可以看穿醫院那潔白的圍牆，看到它更醜惡的活動。好像酋長一樣，福柯看穿客觀真理那些簡潔和整齊的宣稱，看到它們只是權力的面具。因此，系譜學家和酋長一樣有X光視力，「發覺在事物背後有『一些完全不同的東西』：不是歷久常新、非常重要的祕密，而是它們沒有本質，或者那本質是從外來形式以零碎的方式編造出來的這個祕密。」[14]好像一個系譜學家，耐心地引證一個家譜，在奴隸制的邪惡中顯示一個家族的複雜性；福柯的系譜學想顯示現代對科學客觀性或道德真理的宣稱都是權力關係一棵受到污染的樹結出的果子。或者用建築作比喻，福柯的考古學致力顯示，我們以為是確定的根基，實際上更可能是那個洞底下堆積在一起的碎片。[15]福柯沒有為這個狀況而哀歎，彷彿我們失去了根基；相反，他起來承認一直都存在的情況。

因此，宣稱權力就是知識，就是宣稱在建制和理想背後有權力關係。正如尼采較早時在《道德系譜學》（*Genealogy of Morals*）中宣稱，善和惡只是我們給強者對弱者的權力利益的名稱。因此，福柯總結說：「從某意義來說，在這個『非地方』只上演過一齣戲劇，**無止境地重複，關於支配的戲劇**。」[16]人類的故事不是這個物種永恒進步或不斷前進這個啟蒙的虛構，正如康德（和羅蒂）提出那樣，而只是從一種戰鬥轉向另一種戰鬥，從一種支配形式轉向另一種支配形式。

不過，福柯的宣稱不是從高處發出的宣稱，彷彿他抗議的只是那種來自天上的格言。他關於權力和知識的關係的宣稱並不是先驗或抽象的宣稱；這個宣稱由他對具體的機構和理想——例如醫院或監獄，瘋狂相對於理性的觀念，或性的歷史——的分析冒起。因此，福柯的宣稱總是以個案研究為基礎——格言不是用到一個個案上，而是源自那個個案。如果福柯認為權力就是知識，那是因為現代機構的歷史證實這點。讓我們更詳細考慮他的一個個案研究，藉以找出福柯怎樣操作，以及明白他更概括的宣稱的背景。我選擇了集中討論他最有影響力的研究——《規訓與懲罰》中的監獄。

規訓這個主題

福柯對現代監獄的論述以一七五七年一個可怕的場面開始。他講述一個名叫達米安（Damiens）的弒君者怎樣被懲罰和處決。他身上只穿著襯衣，被人用牛車運到「格列夫廣場（Place de Grève），那裏豎起了一個棚架，人們將他掛在上面，以燒紅的鉗子將肉從他胸部、雙臂、大腿和腿肚撕下。他用來拿著刀犯案的右手被人以硫磺焚燒……然後他的身體由四匹馬拖著分屍，四肢和軀體被火燒成灰，那些灰被撒向風中」（*DP*, 3）。結果最後這部分刑罰需要用六匹馬來進行，而「當這仍不足夠時，人們被迫割斷這個可憐的人的腿筋，並砍斷關節，藉以撕斷他的大腿」（*DP*, 3）。

雖然這件以公義名義進行的事件令我們感到可怕——福柯以這件事開始也肯定有這個意圖——但如果我們要明白福柯的分析，很可能需要看到，對福柯來說，現代社會在某意義上比對達米安的折磨和處決更糟。換句話說，福柯的《規訓與懲罰》的論題是，折磨達米安的社會與將酋長關在俄勒岡州的精神病院的社會相比，危險程度比較低。達米安所承受的，從某種意義來說，並沒有麥梅菲承受的那麼邪惡。在《規訓與懲罰》的結尾，福柯想我們對滲透現代社會的支配機制感到同樣可怕。

正因為這樣，《規訓與懲罰》——和福柯的幾乎所有個案研究一樣——最終都不是關於監獄，而是關注整體的現代社會。如果他引證在刑罰系統內懲罰和規訓的策略有改變，這只是現在西方文化更廣濶的運動的縮影。雖然這本書分成三部分，追溯了刑罰歷史的發展，由折磨（大約十六和十七世紀）到懲罰（十八世紀）到最後的規訓（十九和二十世紀），但福柯那描述性論證背後的力量顯示這些不同時期並沒有質的分別——也就是說，如果有分別的話，後期的發展某程度上更殘忍。懲罰有所改變的故事不是有關進步的敍述，更不是人道取得勝利的故事，而是一種支配形式被另一種（更陰險的）支配形式所取代。福柯對敍述監獄歷史這次要情節不感興趣，而是著重敍述我們怎樣來到今天這個地步：一個現代的「規訓」社會，在其中所有人都好像酋長和麥梅菲一樣，受到控制和壓制。

福柯令我感興趣的是他對社會怎樣以權力的筋連接起來——而且不能不這樣——的分析。社會的不同構造只是權力力量的不同（而不一定是更好的）安排。這本書的三個部分都嘗試指出在刑罰歷史的不同時期發揮作用的「權力機制」。在折磨時期，這種權力「影響」罪犯，藉以產生認罪，因為認罪產生事實——將事實刻進被判刑的人裏面和身上（*DP*, 37, 38, 39-40, 41）。這是藉著公眾和儀式帶來的（*DP*, 43）。認罪表示被判罪的人同意對他的判決，而這證明對他的懲罰是合理的。但這樣「產生事實」的結果是甚麼？鞏固統治者的權力（*DP*, 47-49, 50）。正因為這樣，福柯的結論是事實總是權力的一種功用，反過來也一樣：「事實—權力關係是所有懲罰機制的核心，」而這正是「**在當代刑罰實踐中仍然可以找到的東西**」（*DP*, 55）。在福柯的歷史分析的核心，是真正現時的系譜學。

關於懲罰怎樣施行，的確有一種改變：達米安被折磨和處決後八十年，懲罰的模式不再是刑架，而是以特定的規則和安排進行規訓（參*DP*, 6-7）。福柯認為，這些改變不是出於希望更人道（正如人們往往假設那樣），而是一種處理公開折磨帶來的政治（甚至革命）問題的方式。開始發生剛好和統治者的意圖相反的事情：觀看折磨的羣眾沒有對君王產生新的效忠，反而傾向與罪犯認同！因此，懲罰變得沒有那麼暴力，也更祕密地進行。「一個刑罰公義的新時代」已經來臨（*DP*, 7）。但這個轉變帶來的結果是社會代價：「罪行似乎沒有了暴力，而懲罰也相應地喪失了強度，**但代價是更大的干預**」（*DP*, 75；強調為引者所加）。人們基於新的經濟結構（專注於財產而不是暴力），以不同的方式建構罪行。這創造了某種「階級公義」（*DP*, 75）。但令福柯感興趣的是，這個罪行的轉移怎樣也包含對控制和預防和「更嚴格的監視方法」一種新的強調（*DP*, 77）。

刑罰改革真的是態度的改變，是由新的「人道主義」帶來的結果嗎？福柯表示懷疑（參*DP*, 78）：「更肯定和更直接地，那是一種努力，要對模塑個人日常生活的權力機制加以調節；是對一種機制的調整和完善，這種機制對人們的日常行為、身分、活動、表面上不重要的姿勢承擔責任並進行監視」（*DP*, 77）。這種監視變成社會的同義詞，包含「對社會個體作更緊密的刑罰籌劃。」結果——而這是決定性的——是「令對非法的懲罰和壓抑變成固定的功能，**與社會有共同範圍**」（*DP*, 82）。福柯繼續談到這是懲罰的普遍化——控制的機制擴展到社會本身——而《規訓與懲罰》餘下的部分追溯規訓在現代社會的擴展和瀰漫。

在分析的過程中，福柯引證他稱為「規訓社會」——主要目標是創造個人——的形成，這是一個「現實，由〔他〕稱為「規訓」的特定權力技術編造」（*DP*, 194）。因此規訓社會和該社會裏的機構的目標是藉著權力的機制形成個人。社會按自己的形像製造個人，而這種製造的工具是權力的規訓。在這裏福柯加上一個重要的附帶條件：「我們必須徹底地停止以負面的話來描述權力的影響：它「排除」、它「壓抑」、它「審查」、它「竊取」、它「掩飾」、它「隱藏」。事實上，權力生產；它生產現實」（*DP*, 194）。福柯在他的描述性分析中，沒有嘗試對權力提供任何正面或負面的評價。但這至少禁止我們負面地描述權力的影響。對福柯來説——而這很接近《規訓與懲罰》提出的社會理論的核心——權力是社會所必須，也是構成社會的。改變的是權力的機制和技術。我們不能有並非主要以權力關係為特點的社會。

作為規訓社會的一個個案研究，福柯要求我們比較中世紀城市回應疾病和早期現代城市回應疫症時的分別。事實上，規訓社會的「政治夢想」可以在受疫症蹂躪的市鎮的歷史組織中找到。為甚麼？因為受疫症蹂躪的市鎮是受到管理、規訓的組織的典型例子，在其中個人受到不斷監視和登記（「凝視」）：「規訓機制的一個集中模式」（*DP*, 197）。中世紀痲瘋病人的例子產生了排斥和隔離的程序，「〔現代〕的疫症則帶來規訓的計劃」（*DP*, 198）。「前者是純潔的羣體，後者是規訓的社會。兩種對人運用權力的方法，控制他們的關係的方法，分開他們有害的混合狀態的方法。受疫症蹂躪的市鎮……是一個烏托邦，得到完美管治的城市的範例」（*DP*, 198）。要留意福柯對權力的本質的觀念在這裏浮現出來：那兩種不同模式（排斥和規訓），就它們是權力的彰顯來説，總涉及對別人的權力；權力總是某種形式的控制。但我們對權力不能夠有不同的看法嗎？我們稍後會回來討論這個問題。

社會圍繞規訓（作為一種新的權力模式）組織起來，在一種遠遠不單關乎建築物的「建築」中達到高潮；那是一種為社會本身而設的建築，這種建築將「凝視」普遍化。那建築的理想是邊沁（Bentham）設想的全景監獄模式。「我們必定不能將全景監獄理解為夢想建築：它是一種權力機制的圖形簡化到理想的形式；它的功能——脫離任何障礙、抵抗或磨擦——必須再現為純粹的建築和視覺系統：事實上，它是一個政治技術的圖形，可以也必須脫離任何特定的用途」（*DP*, 205）。正因為這樣，無論是在邊沁的監獄還是拉舍德護士的精神病病房，「每當一個人正在應付多個個別的人〔也就是社會〕，而又必須將某個任務或某種特定形式的行為加諸他們身上時，便必須運用全景方案」（*DP*, 205）。因此，全景監獄帶來全景主義——不對稱監視的普遍化模式，被別人看見而自己卻看不見對方。[17]「全景方案……註定要在社會團體中擴展；它的志業是成為普遍化的功能」（*DP*, 207）。因此，全景監獄絕對不單是監獄的理想建築，更是規訓社會的烏托邦夢想，「一種可以普遍化的功能模式；一種以人的日常生活來界定權力關係的方式」（*DP*, 205）。全景主義在整個社會團體中實現了規訓的普遍化。

因此，「我們的社會不是旁觀而是監視的社會」（*DP*, 217）；也就是規訓的普遍化成了社會本身的構成（「與整個社會團體有共同範圍」，*DP*, 213），將觀察和記錄溶入社會的基礎中，藉以創造「馴服」和「有用」的臣民——為國家、資本主義等等（*DP*, 216-217, 220-221）。規訓的社會將個人模塑成它想他們成為的樣子：馴服、有生產力，服從國家的消費者。好像拉舍德護士手中的麥梅菲一樣，我們是需要重新設計和修理的「項目」。我們都好像居住在精神病病房的人，受到監督和控制，由監視和規訓的結構監視和支配。而這些結構遍佈整個社會。

在《規訓和懲罰》的最後一部分，在全書的分析和論證中出現了一個非常重要的轉折：從某意義來説，我們在這裏回到監獄，因為第三部分的主導焦點不是監獄，而是作為整體的社會。換句話説，第三部分追溯規訓社會的發展。在第四部分，福柯提出現代的刑罰是規訓社會的產物，而並非規訓社會是刑罰實踐的反映。因此，我們看現代的刑罰時，是在看自己，在鏡子中如實地看社會的反映。現代的監獄只將已經透過社會團體實行的規訓普遍化整理和集中起來。並非監獄成為社會的模型；而是社會的規訓機制「移植法律制度」（*DP*, 231）。如果福柯在引證監獄的誕生，監獄也是從已經存在的規訓社會的母體中產生出來。作為「轉化個人的機構」，監獄「只是以稍微多一點的強調來複製所有可以在社會團體中找到的機制」（*DP*, 233）—— 包括軍隊、學校、醫院和工廠。[18]正如福柯指出：「這個監獄來自其他地方」（*DP*, 256）。後來他總結説，「對那些被交托給監獄的人來説，監獄繼續在其他地方開始的工作，而這工作是整個社會透過規訓的無數機制對每個個人施加的」（*DP*, 302-303）。並非社會模仿監獄，而是監獄是社會特點的微型結晶。在現代社會，規訓是無處不在的。[19]

福柯透過三個特定的體制分析這個狀況：隔離、強制勞動和治療。隔離是要令犯事的人面對自己；這是道德的規訓。工作創造一種適合資本主義社會的勞動臣民（無產階級），他們受到改造去滿足用來生產的機器的要求（*DP*, 242）；這是經濟的規訓。治療或改造是一種手段，將不正常的人轉化為正常的個人，「醫治」他的不正常；這是醫藥的規訓。[20]這樣，現代的監獄遠遠不單關乎囚禁或剝奪自由。這些是囚禁必須的「補充」（*DP*, 248）。它們將社會的結構和規訓銘刻在犯事者身上。而正是治療孕育出以犯法的人作為改造的對象──他們不再是罪犯或怪物，而是「不正常」（*DP*, 251-252）。如果監獄是為犯法──不正常──的人而設，那是因為更大的社會決定了甚麼才是正常。事實上，這幾乎就是《飛越瘋人院》中那病房的「治療羣體」的理論。正如酋長講述那理論時說：「一個人需要學習在小組中過活，才能夠在正常社會中發揮功能；小組可以怎樣藉著讓那人明白自己在甚麼地方格格不入；社會也怎樣是決定誰是心智健全，誰是不健全；因此你需要符合標準。」[21]

創造犯法的人是福柯眼中正在發揮作用的事情的核心，不單在現代刑罰實踐中是這樣，在整個現代社會也是這樣：規訓的力量以正常化為目標。事實上，在這一章（以及全書）結束時，我們看到《規訓與懲罰》要達到甚麼功能：這本書是要「作為對在現代社會中權力的正常化和知識的形成的不同研究的歷史背景」（*DP*, 308）。因此，監獄只是眾多（或所有？）傾向「行使正常化權力」的現代機構的其中一個（*DP*, 308）。這是甚麼權力？我們怎樣得出這個結論？

美特雷（Mettray）的歷史性監獄是這「監獄」理想的頂峯，包含了「修道院、監獄、學校、軍團」的普遍規訓（*DP*, 293；比較III.1）。它包括全景理想的所有元素，甚至連觀察者在「接受權力關係的藝術這種教導」時也受到規訓（*DP*, 295）。「在正常化權力的正常化中，在將權力——知識安排在個人之上時，美特雷和它的學校標誌著一個新的紀元」（*DP*, 296）。這新紀元包括將監獄的圈子擴展到社會本身：「監獄的列島將這技巧由刑罰機構轉移到整個社會團體」（*DP*, 298）。這實際上將「最低的反常」和「最大的罪行」之間的任何質的區別抹去，因為在這個使用域下，兩者都被視為「偏離規範」（*DP*, 299）。「社會敵人」不是君主或社會契約的敵人，「而是被轉化成異常者」（*DP*, 299）——因此從搖籃到墳墓都需要規訓和正常化（*DP*, 300）。結果是一切都在這個監獄網絡之內：「再沒有外面」（*DP*, 301）。福柯指出，「在這個全景社會，監禁是無處不在的盔甲，犯法的人不是在法律以外〔根本沒有「逍遙法外的人」（outlaw）〕；從一開始他便在法律以內，在法律的核心，或者至少是在那些難以察覺地將個人從規訓轉移到法律，從異常轉移到犯法的機制之中」（*DP*, 301）。事實上，他似乎認為異常是社會的產物。

監獄圈子這樣擴大，表示社會的特點不是社會和監獄之間的分離，而是「監獄的統一體」（*DP*, 303），根據新的法律——規範——運作。正常化權力從而擴展：「由規訓機制的無處不在帶著，本身建基於所有監獄的機構，成了社會的其中一個主要功能。四處都有判定正常狀態的法官」（*DP*, 304）。因此在監獄的問題中，重要的政治問題是它是否起糾正作用：「問題在於這些正常化機制的使用大量增加，以及它們透過新規訓的激增帶來的多方面權力」（*DP*, 306）。而福柯關注的對象正是這些正常化的權力。

請真正的福柯站起來？

到目前為止，我概述了福柯的個案研究。在其中他嘗試具體地表明權力怎樣是知識，或者更特定地，權力在社會和社會機構中怎樣有必不可少和普遍存在的角色。不過，接著的問題是：我們應該怎樣對待這個分析？為甚麼福柯描繪一幅這樣的圖畫？他想我們從中得出甚麼結論？福柯嘗試說服我們相信甚麼？福柯有力地描述了現代、規訓社會的發展後，他想我們對此做甚麼？這只是中性、客觀地描述事物的真相嗎？正如我們已經看到，這個觀念與福柯自己對系譜學的觀念背道而馳。那麼，在這個描述背後有沒有一個隱藏的解決方案？或者用另一種方式表達，福柯是為我們描繪這幅錯綜複雜的圖畫，是要讓我們看到現代社會出了甚麼**問題**嗎？他的著作是抗議——呼喚人們從這種壓制性結構中解放出來嗎？

在這裏我們觸及一個關於詮釋的棘手問題，不單對於外人來說是這樣，對於研究福柯的學者來說也是這樣：誰是真正的福柯？[22]他是一種現代——最終是啟蒙的思想家，獻身於個人的自主和自由嗎？他是馬克思主義者，抗議權力的濫用和社會的壓迫性結構嗎？他是隱祕的古典自由主義者，猛烈攻擊任何會限制個人自由和自主的東西嗎？這些問題也帶出另一個問題：如果福柯是一個後現代思想家，後現代究竟有多現代？（稍後我們會面對另一套問題，是關乎基督徒在挪用啟蒙對自由的方案時可以走多遠。）根據這些問題，我們基本上有兩個解讀福柯的方法：

1) **尼采式的福柯**。根據這種解讀，福柯的分析不是要傳遮任何道德教化立場。換句話說，尼采式福柯描繪這幅權力的圖畫，不是要顯示權力是壞的，我們需要將它解除。如果福柯是尼采式的人，他的計劃純粹是描述性，無意包含任何解決方案：他只是讓我們看到事情的真相，而不是事情應該怎樣。如果有人開始談及權力是壞的，或者認為某個社會組織比另一個更好，便是援引一個價值觀系統。但正如福柯自己對尼采的闡釋顯示，對福柯來說，所有價值觀都化約為權力。[23]在福柯自己承認的尼采主義以外，我們還可以引述其他證據支持這種解釋。福柯當然並不認為權力是壞的；與拜倫（Lord Byron）不同，福柯並不認為權力必然令人腐化。正如我們已經看到，福柯認為我們應該停止以壓迫和排除這些負面用語來談論權力，而應該以生產來正面地思想權力。尼采式的福柯不是嘗試改變世界，而是嘗試描述，甚至歡慶世界。

2) **自由或啟蒙的福柯**。馬克思有一句名言：哲學家通常只法是視他為在這包括康德和馬克思、大致上現代或啟蒙的傳統下工作。事實上，福柯自己後來也承認，他視自己為一種啟蒙思想家，在源自康德，經過馬克思，一直到哈伯馬斯的法蘭克福學派（Frankfurt School）及其他人的批判理論傳統中工作。[24]這樣，解讀福柯的方法便是視他為給我們這幅關於控制和支配，使人困擾的圖畫，是要推動我們改變事物。這樣解讀福柯（我認為是比較好的一種）的證據包括兩方面：一方面，我們有外部證據，例如福柯自己活躍地參與法國的監獄改革運動。另一方面，《規訓與懲罰》所用的語言似乎已經在傳遞一種對事

> 物現狀的負面評價，引發對改革和革命的號召。福柯將權力關係的特定結構描述為支配的網絡時，這個描述詞本身已經包含評價。批判理論需要準則。事實上，對事物進行中性描述這個觀念和福柯的核心思想背道而馳（而正如我們已經看到，德希達的情況也是這樣）。

雖然這樣劃分確實有含糊之處，對福柯的最好解讀是將他理解為隱祕的啟蒙思想家；事實上，福柯在後期的著作中正是在這點「走出來」。[25]而且，這肯定是人們**運用**福柯思想的方法——作為異議的思想家，由政治左翼的不同版本徵用，藉以對抗現代文化的控制和支配的殘餘。這樣，福柯已經被不同的運動採納——由同性戀權益到教育改革，這些運動抗議對個人進行任何形式的控制。

如果福柯是一種隱祕的啟蒙自由主義者，這究竟是甚麼意思？首先，我們需要具體指出「自由主義」在這裏的意思：古典的政治自由主義者給個人優先地位，以個人作為至高、自主的代理——在自己的領域內是主人，因此抗拒任何形式的外部控制。自由主義的口號是自由：自由的代理不應該受到控制——無論是來自君王、傳統、宗教或制度的控制。因此自由主義者的口號是「不要碰我！不要試圖控制我想甚麼；不要試圖控制我相信甚麼；不要試圖控制我做甚麼。」[26]的不同版本。任何試圖控制信仰或行為的制度本質上都是支配和壓迫。而由於制度都傾向為了這些原因而設立，機構本身也是深刻的支配結構。因此，這個意義上的自由主義是十分反建制的，而左翼人士——無論是政客還是電影製片商——都談及要激進，而這通常是將啟蒙的自由觀念激進化。因此，自由主義有很深的自由論痕迹，逃避控制和規訓。啟蒙的目標是解放，也正因為這樣，康德和馬克思都是啟蒙思想家。而福柯的著作正好配合這種衝動，我們很難不在他的描述中看到自由論的痕迹。

正如面對組合和大護士那強力的壓迫，我們很難不站在麥梅菲那一邊，我們也很難不同情福柯對規訓和模塑的機構抱懷疑態度。但我會論證説基督徒應該抗拒站在麥梅菲或福柯那邊（但我們也不應該站在拉舍德護士或美特雷那邊）。另一方面，福柯對規訓的本質以及它在模塑個人的角色方面提出了一些重要的洞見。因此，我和福柯的交往是複雜的，我對他的評論也同樣複雜。關鍵是福柯對規訓的機制怎樣模塑個人的分析絕對是正確的，但他從負面看待所有規訓和模塑則是錯誤的。換句話説，基督徒應該正面地理解規訓，正是因為基督徒不應該成為上面描述那種古典自由主義者。基督徒應該避免一個觀念：抗拒任何形式的控制的自由代理。藉著拒絕福柯的自由式啟蒙信念，但同時又挪用他對規訓在模塑中扮演甚麼角色的分析，我們幾乎可以將福柯的方案顛倒過來。

權力全都是壞的嗎？

如果到目前為止，我論證説福柯是某種隱祕的自由主義者，因此是十分現代的；我對基督教福音派（特別是美國）的現代性，以及它挪用啟蒙對自由個人的觀念也應該同樣持批判態度。事實上，很多在其他方面都正統的基督徒對神學自由主義這個觀念卻步，但卻不自覺地採納了自由和自主這些觀念，而這些觀念正是徹頭徹尾的自由主義。當代的福音主義厭惡階級和控制，有很強的自主性：在宏觀的層面有跨宗派教會的自主；在微觀的層面則有個別基督徒的自主。而我覺得冒起中的教會在這方面並沒有多大改變；事實上，冒起中的靈性的某些元素將這種對自主和對制度採不干預態度的肯定強化。[27]我們不想宗派告訴我們怎樣管理教會，我們也不想教會告訴我們怎樣管理自己的生命。如果任何這些機構以控制——更不要說規訓——來威脅我們的自主領域，我們便會棄船：教會脫離宗派，成為獨立的堂會；或者個人離開自己的教會，走到另一間教會。因此，我們看到酋長和麥梅菲的經驗時，由於我們自己（美國人）對制度和制度控制的懷疑，我們會與這些反建制的人物認同——一切都以自由的名義進行（雖然我們也談論「法律和秩序」）。[28]

但重要的是，我們需要區分真正合符聖經的自由和充權這個正面觀念，以及自由主義啟蒙對自由作為一種不受干預的姿態這個負面觀念。以稍為堅實一點的方式表達：自由是當代教會的偶像，我們只有放棄自己的自由主義，才能夠正確地對抗福柯的自由主義。

讓我預測一下讀者的初步回應：為甚麼基督徒應該拒絕這些關於自由的自由主義觀念？我怎可以反對自由？我需要為支配辯護嗎？如果我們反對自由的自由主義觀念，這不是表示我們**支持**控制和支配嗎？

是的。但為了表明這並非法西斯主義復活，讓我們回到福柯對權力的觀念吧。根據福柯的描述，社會制度和關係必然建基於權力關係之上；權力是無處不在的。而且，權力被理解為對別人的權力——某種支配（即使它不是簡單地分為有和沒有，有權力和沒有權力的人）。[29]這種權力是透過規訓的機制——不同的實踐和訓練——傳遞，而那些機制藉著使個人配合社會的期望——成為良好的工人和消費者——模塑個人。雖然福柯提醒我們不應該以負面的方式思想這種狀況，但他的著作給人的壓倒性印象是，這種狀況既是壓制又是壓迫。

但我們應該接受這個對權力的負面看法嗎？權力都是壞的嗎？特別是，基督徒可以同意這樣將權力和規訓貶低為本質上是邪惡的嗎？我們這些自稱門徒的人——蒙召並預定要配合聖子的形像的人（羅八29）——可以反對規訓和模塑本身嗎？我們這些蒙召服從生命之主的人真的可以同意自由啟蒙主義自主的自我這個觀念嗎？我們不是首要地蒙召服從我們的主（*Domine*），配合祂的形像嗎？當然，我們蒙召不要效法「這個世界」的模樣（羅十二2）或者我們以前邪惡的欲望（彼前一14），但那不是呼召我們不要效法甚麼，而是呼召我們透過在基督裏的逆向模塑，實行另一種效法。藉著挪用自由啟蒙主義對負面自由的觀念，並參與它對規訓的不遵從式抵抗（因而是抵抗古典的屬靈操練）[30]，基督徒實際上是效法這個世界的模樣（與羅十二2相反）。

一旦我們拒絕抗拒控制和規訓的自主代理這個自由派的觀念，福柯對規訓機制的分析便有十分不同的面貌。無可否認，福柯似乎提出，現在社會只是接管了宗教規訓和儀式，將他們普遍化和加以改變。因此，他提出現代工廠和中世紀的修道院相似（*DP*, 149），現代監獄有較早時的女修道院的痕迹（*DP*, 243），而規訓社會的一般結構模仿修道團體（*DP*, 149）。而只要規訓社會的監獄和工廠被視為具壓迫性和支配性，這個指控便回指向這些宗教操練的早期羣體。

我們可以怎樣回應這個指控?當然,一方面,這個指控只是源自福柯的自由主義,他對支配和控制本身的反對。只要我們不接受這個自主自我的觀念,這個批評便無效。但更重要的是,在另一方面,這提出了十分重要的一點:雖然從形式或結構上來說,在女修道院和監獄,在工廠和修道院,都有規訓的機制在運作;但更具體地說,這些規訓和實踐有十分不同的目的。而在這裏,我們必須作出一個重要的區分:我們可以藉著各自的*telos*——目標或目的——區分好和壞的規訓。因此,模塑我們成為基督門徒的規訓,以及模塑我們成為當代文化的門徒,從而製造消費者的規訓之間的分別,正好在於它們的不同目標。只要規訓和模塑是朝向對人類恰當的目的或telos,也就是榮耀神和永遠享受祂(威斯敏特信條問題一),它們就是好的。或者,用另一種方式表達,當一種規訓的形式對應人性的恰當目的,也就是成為帶有神的形像(和更新了)的人,這種形式便是正當的。因此,其他形式的規訓性模塑是壞和錯誤的,因為它們嘗試將人類模塑成並非他們蒙召成為的樣子。這些其他的規訓模式幾乎總是化約性的,因為它們將人類化約為低於他們蒙召成為的樣子。有些規訓模式將我們化約為經濟動物,主要目的是生產和消費;其他規訓模式將我們化約為性動物,主要目的是滿足本能需要;還有一些規訓模式嘗試將我們模塑成暴力的動物,主要目的是破壞。這些規訓結構的問題不是在於它們要形模或模塑人類,而是在於它們在過程中有**甚麼**目的。因此,將規訓模塑的形式**結構**,從規訓所選取的特定**方向**區分出來是有幫助的。[31]

無可否認,正如我們從前面幾章得知,甚麼構成人類模塑的恰當目的或telos，有賴我們怎樣講述關於人類是誰和蒙召成為怎樣的人的最終故事。基督教的故事指明人類是受造物，我們最終的telos是反映造物主，配合祂兒子的形像。不同的故事對人類明顯構想不同的目的。因此甚麼構成良好或恰當的模塑，必須根據我們承認是講述世界和人類狀況的事實的特定基本敘事來決定。這樣，我們可以在利奧塔對敘事的角色的強調，以及福柯對模塑的角色的強調之間找到一個重要的聯繫：規訓的目的是為了某個特定目標而實行模塑，而那個目標是由我們的基本敘事決定的。

將福柯帶到教會

和我們與利奧塔及德希達的交往不同，基督徒會面對站在福柯那邊這個試探，因為現代基督教很大程度上不自覺地接受了自主這個啟蒙的觀念。這樣，如果我們要利用福柯的分析來模塑後現代教會，便需要稍為將他的論據顛倒過來：我們需要明白他描述甚麼，但卻要拒絕他對規訓社會本身的想法。如果我們這樣做，福柯實際上給我們甚麼？他可以怎樣催化關於後現代教會的思想？

規訓模塑的文化力量

要謹記福柯研究模塑和形塑人類以某種方式行動——成為某種人——的各種實踐（從打鐘令我們根據時間表活動，到用負面的刺激停止我們做某些事情）。福柯認為這些做法有效是完全正確的！我們社會的規訓機制**確實**將人變成有某些特定目標的人。例如：很多美國人都是由消費這個主要目標界定。他們以物質財產——以標籤、奢侈品和追上潮流這個永遠沒有儘頭的過程——來界定自己的身分。如果我們看一看中、上層美國人怎樣花他們的時間和金錢，便需要得出一個結論：他們的最終目標是成為忠心的消費者。他們怎樣變成這個樣子？他們怎樣變成這種人？答案並不簡單，但我們可以很容易找出幾種規訓的實踐，是將人類模塑成消費動物的。

首先，資本主義的成功有賴一種消費文化作為市場，特別是一種想有更新產品的文化（否則市場很快便飽和，盈利的可能性便會很快消失）。因此，我們有一種文化——或者至少是文化裏的一個階級——在看見消費者社會時有既得利益。它怎樣製造這些消費人口？其中一個主要方法是藉著大眾傳媒的出現。從一開始，大眾傳媒便以營銷為目的。例如：我們必須明白，電視節目的發明，基本上是要吸引觀眾看廣告。因此，大眾傳媒有很大部分都是為廣告製造觀眾，使他們最終成為消費者的市場。因此，營銷是由在產品加入社會、性甚至宗教價值，令它們成為不單是產品而推動的。[32]換句話說，營銷利用人類追求意義和超越的基本結構性欲望，將產品和服務呈現為可以滿足這些人類渴望的東西。接著營銷利用規訓實踐的工具將這些價值植入人類的品格中——將價值觀內化，讓它們變成個人的一部分。藉著運用重複、影像和其他策略——這一切都以不是認知或命題的方式傳遞真理——營銷將我們模塑成這樣的人：想買啤酒藉以建立有意義的關係，或者買汽車藉以受到尊重，或者買最新的產品，只是為了滿足模塑我們、植入我們的欲望。重要的是，要明白這些規訓機制傳遞價值觀和真理的宣稱，但不是透過命題或認知的手段；那些價值觀以更隱祕的方式傳遞，正如酋長看到那樣。它們藉著一個影像的世界，並透過一系列實踐來教導身體。那運作的這種隱祕性也是令它那麼有力的原因：真理透過想像的儀式的有力工具銘刻在我們裏面。

教會絕對需要明白這個過程。換句話說，我們需要從福柯那裏學習的第一件事情是：規訓式模塑在我們的文化內是多麼普遍——從公共教育到音樂電視。任何教養孩子的人，只需要有某程度的反思都會發覺情況就是這樣。沒有甚麼比我從自己的孩子身上已經明顯看到的「對品牌的偶像崇拜」令我更沮喪。事實上，在美國文化中養育兒女，令我看到和明白規訓式模塑的力量，以及美國價值觀的全球化怎樣令這個情況在世界各地都變為現實。我們所有人都肯定發覺自己在權力關係的多重網絡中，受到多種規訓機制的影響，它們要將我們模塑成某類人。在晚期現代的資本主義中，很多這些規訓利益都聯合起來。因此，這些會將我們模塑成主要是性動物的規訓機制已經被想將我們模塑成消費者的資本主義利益徵用。從啤酒到除臭劑到洗頭水和米都以性為基礎來推銷。藉著揭露規訓式模塑的文化力量，福柯可以成為令鱗片從我們眼睛脱落，令我們看見甚麼事情正在發生的催化劑。

藉著逆向規訓實行逆向模塑的必須

但除了只是看見這種文化模塑普遍存在外，我們也需要看見這些規訓的telos或目標基本上是與福音的信息，以及福音指明為人類的正當目的不符（甚至是互相競爭）的。我們需要看到晚期現代的資本主義對人類的定義，與基督教信仰對我們的定義之間那種不協調。由於這種模塑的隱祕性，基督徒往往對自己變成怎樣沒有警覺性。借用巴拿（George Barna）為了頗為不同的目的而使用的比喻：基督徒有時好像鍋裏的青蛙。據說如果你將青蛙放進一鍋室溫的水裏，並漸漸將水溫提高，直至沸點，青蛙都不會從鍋裏跳出來，即使會燙死。這要不是因為青蛙沒有感覺到溫度轉變，就是因為轉變是那麼緩慢，以致青蛙受騙接受了那個環境。教會也是這樣：由於迪士尼、音樂電視和傑普（Gap）的規訓機制是那麼狡猾和隱祕，我們看不見它們的信息——和它們對人類telos的看法——怎樣模塑我們自己的身分。基督徒首先需要明白，規訓性模塑在文化中發生，然後需要明白主導文化對人類召命的理解，與聖經對我們最終志業的理解是對立的。

但教會也必須做第三件事：實行抗衡的措施，實行能夠模塑我們成為神呼召我們成為那種人的逆向規訓。我們往往想像，基督徒門徒訓練的目標是訓練我們想正確的事情，相信正確的事情。但聖化和門徒訓練的最終目標是模塑我們成為某種人：像耶穌的人，展示聖靈的果子（加五22-23），愛神和鄰舍，關心孤兒、寡婦和寄居者（耶二十二3；雅一27）。聖靈已經讓我們看到甚麼是良善的，以及主要求我們怎樣做：行公義，好憐憫，存謙卑的心與神同行（彌六8）。這些都只是人類更大的志業的調動，而那志業是成為重新帶有神形像的人，從而帶有基督的形像。門徒訓練的基本目標是創造以某種方式行動的某種人，而不是只以某種方式思想的人。根據聖經，認識真理只是最終實行真理的工具（耶二十二16）。

但我們怎樣成為那種人呢？我怎樣成為那種「實行」真理的

人呢？這需要實踐。首先，這需要恩典。因為沒有人是良善的（沒有，連一個也沒有！），正確地指向我們正確的telos，需要內心由聖靈重生和重新導向。正因為這樣，它們是聖靈的果子。只要聖靈居住在信徒心裏，他們便被模塑為基督的形像，以致學會在聖靈的能力下，在聖靈裏行走。不過，雖然重生是成為這種人的必備條件，但它不是充分條件。必須有聖潔的操練來培育。

其次，明白規訓性模塑在結構上的好處，教會必須運用會將我們模塑成這種人的規訓——那些規訓需要能夠抗衡音樂電視和電視廣告的模塑。我們最好能夠恢復好像禱告和禁食、默想、簡樸等屬靈操練的傳統，作為透過身體的禮儀模塑我們心靈的方法。而且，正如我已經提出，我們的集體崇拜應該以將我們形塑為門徒，救贖那些抗衡文化的代理人為目的。聖餐和認罪，洗腳和財富再分配，都是實踐成為天國公民的方法。這些實踐將這天國的telos銘刻在我們品格上。[33]基督徒崇拜是我們參與模塑我們的實踐的其中一個主要場所。如果我們的崇拜只是模仿消費者文化的規訓性實踐和目標，我們不會被模塑成其他人。視教會為規訓性社會，以模塑人類反映基督的形像為目的，我們便可以提供一個另類社會，是與晚期現代文化那空洞的模塑不同的。

註釋：

1 我會提到1975年由Milos Forman導演的電影，但也會提到Ken Kesey的原著小說（1962; repr., New York: Penguin, 1976）。小說是從酋長的角度以第一身敍述。

2 Kesey, *One Flew over the Cuckoo's Nest*, 1。我們也可以比較喉管在電影《妙想天開》（*Brazil*）中的角色。

3 Kesey, *One Flew over the Cuckoo's Nest*, 5.

4 Kesey, *One Flew over the Cuckoo's Nest*, 181.
5 Kesey, *One Flew over the Cuckoo's Nest*, 179.
6 Kesey, *One Flew over the Cuckoo's Nest*, 209.
7 這是James Miller在*Passion of Michel Foucault* (New York: Simon & Schuster, 1993)對Foucault提出（有點爭議性）的詮釋。Miller論證説Foucault的理論是他自己在性越軌方面的經驗和實驗的產物。
8 Michel Foucault, *Discipline and Punish: The Birth of the Prison*, trans. Alan Sheridan (法語原著, 1975; repr., New York: Vintage, 1977)；此後在本書中簡稱*DP*。
9 Foucault, *The Birth of the Clinic: An Archaeology of Medical Perception,* trans. A.M. Sheridan Smith (法語原著，1963；New York: Vintage, 1973)。第二個法語版本在1972年出現，1994年以英語出版。
10 正如福柯説：「人們已經説了，但你需要明白我閱讀『知識就是權力』或『權力就是知識』這個命題——我知道人們將它歸於我——時，我便開始笑了，因為研究它們之間的**關係**正是我的問題。如果它們是等同的，我便毋須研究它們，我也可以因而免除很多疲累。我提出它們之間的關係這個問題，清楚表明我沒有將它們**等同**」（“Critical Theory/Intellectual History,” an interview, reprinted in *Critique and Power*, ed. Michael Kelly〔Cambridge, MA: MIT Press, 1994〕, 133）。
11 正因為這樣，我在下面提出Foucault的「系譜學」和對知識論的前設主義取向有一些共通之處。這種取向強調在建構知識時「對照信念」〔Wolterstorff〕的角色。
12 基督徒明白罪的深層結構性影響，也應該以懷疑詮釋學來運作，即使懷疑沒有最終（或最初）的發言權。有關沿著這些思路，並著眼於實踐的討論，參Merold Westphal, *Suspicion and Faith* (Bronx, NY: Fordham University Press, 1998)。
13 Foucault在“Nietszche, Genealogy, History”這篇文章中最小心地解釋這個方法，收錄在*Language, Counter-Memory, Practice*, ed. Donald F. Bouchard (Ithaca, NY: Cornell University Press, 1977)。
14 *Language, Counter-Memory, Practice*, 142.
15 「對下降的追尋不是豎立基礎：相反，它干擾了以前被視為固定的；它將被視為統一的打碎；它顯示被想像為與自己一致的，實質上是異質的」（*Language, Counter-Memory, Practice*, 147）。
16 *Language, Counter-Memory, Practice*, 150，強調為引者所加。
17 全景監獄其中一個最重要的方面是這種不對稱，它容許「對象」被看見，但觀察者卻不被看見。對象「被看見，但他自己卻看不見」（*DP*, 200）。觀察者的這種不可見也表示他們毋須不停觀察，「因為重要的是對象知道自己被觀察，」他在任何時候都可能是觀察的對象（*DP*, 201）。比較美特雷（Mettray）的囚室牆上寫的字：「神看見你。」全景監獄代替了全知的神（或聖者！）。

18 Foucault分析這些其他機構，特別是在標題為 "Docile Bodies"（III.1）的一章。

19 這在另一齣電影《妙想天開》中有力地說明。

20 我們可以在《飛越瘋人院》中看到這一切在發揮作用。

21 Kesey, *One Flew over the Cuckoo's Nest*, 47。這一切都在「民主」的旗幟下進行（同上）。

22 David Macey的重要傳記書名叫*The Lives of Michel Foucault*，用了眾數的lives，並不是出於偶然。

23 參Foucault, "Nietzsche, Genealogy, History"。

24 Foucault在輯錄在*The Politics of Truth*, ed. Sylvère Lotringer (New York: Semiotext〔e〕, 1997)中的演說和訪問中十分清楚地表達這點。

25 尤參輯錄在*The Politics of Truth*中的演講。

26 自由這個詞在美國政治用語中有更限定的意思。但重要的是，要明白根據我在這裏描述的政治自由主義傳統，民主黨人和共和黨人都是自由主義者。只是他們將「不要碰我！」的立場應用到不同的事情上：民主黨人更可能主張：「不要碰我的身體——我可以按自己的喜好對待它！」；共和黨人則更可能主張：「不要用你骯髒的手碰我，向我收稅——那是我的金錢，我可以按自己的喜好運用！」兩者都是同一個自由派連續體上面的點。

27 雖然我贊同Spencer Burke的批評，但我擔心的是他對教會的批評吸收了這種對自由自主的偏好的某個版本。參Spencer Burke, "From the Third Floor to the Garage," 收錄在*Stories of Emergence: Moving from Absolute to Authentic* (Grand Rapids: Zondervan, 2003), 27-39。我擔心他提供的是酋長從機構中逃到荒野的「自由」的一個屬靈版本。

28 雖然這樣說，我們也應該承認有很複雜的情況引致跨宗派教會興起。有些教會無疑是從宗派中分離出來，那些宗派變得那麼靜態和現代，以致宗派不再是與大公傳統之間的聯繫，而是成了具體化的現代機構。並非所有宗派都與更大的大公傳統有聯繫；在現代出現、反信條的基督教宗派尤其是這樣。面對這一切，跨宗派的教會實際上可以提供機會，變得更大公。不過，跨宗派教會必須努力與大公傳統的**規範**聯繫起來。我要感謝Brian McLaren幫助我將這些問題綜合起來。

29 正因為這樣，Foucault傾向抗拒別人稱他為馬克思主義者；他認為馬克思主義對社會中的權力的觀念過分簡化，變成擁有權力和沒有權力的結構。但對Foucault來說，甚至壓迫者也受權力影響，正如拉舍德護士也是那個系統的影響，組合的產物一樣。

30 屬靈操練這個觀念對很多福音派信徒來說都是陌生甚至討厭的。不過，現在已經有轉變的迹象，這很大程度上是由Richard J. Foster的經典著作*Celebration of Discipline: The Path to Spiritual Growth* (San

Francisco: Harper & Row, 1978)推動的。

31 關於根據Foucault，對這些問題作細緻、出色的論述，參Daniel M. Bell Jr., *Liberation Theology after the End of History: The Refusal to Cease Suffering*, Radical Orthodoxy Series (London: Routledge, 2001)。我在*Introducing Radical Orthodoxy: Mapping a Post-secular Theology* (Grand Rapids: Baker, 2004), 243-54中頗為詳細地討論這點。

32 有關廣告的宗教本質一個很有用和富洞見的討論，參Charles Colson and Nancy Pearcey, *How Now Shall We Live?* (Wheaton: Tyndale House, 1999), 第23章。也參Jean Kilbourne, *Can't Buy My Love* (New York: Free Press, 2000)；以及她的錄影系列*Still Killing Us Softly*；以及James B. Twitchell, *Adcult U.S.A.: The Triumph of Advertising in American Culture* (New York: Columbia University Press, 1996)。

33 有關崇拜作為模塑品格的方法的進一步討論，參Marva Dawn, Reaching Out without Dumbing Down: A Theology of Worship for This Urgent Time (Grand Rapids: Eerdmans, 1995)，第六章；Stanley Hauerwas, The Peaceable Kingdom: A Primer in Christian Ethics (Notre Dame: University of Notre Dame Press, 1983), 107-110；和Smith, Introducing Radical Orthodoxy, 235-239。

5

應用本原正統主義

給冒起中的教會的一個建議

我們已經看見，後現代思想可以是一個機會，讓我們恢復古老的基督教主題和資源，因為對現代性的批評給傳統重新開展一個重要的角色。在這一章，我們會藉著檢視本原正統主義的聲音，研究傳統和後現代主義之間的獨特聯繫。

揭起帷幕：《馭鯨少女》(*Whale Rider*)

如果有一件事物是後現代主義反對的話，那就是傳統。後現代這個觀念成了嶄新、新奇、激進和至少是當代的同義詞。但我們是否可能在當代世界中忠於傳統？那是否我們應該想要的東西？現代的前進——即時的全球溝通，地球四角的虛擬聯繫，科技優勢的穩定前進，時尚和自我發明的流動性——這不是代表克服傳統和從傳統穩定的過去逃脱嗎？我們已經學懂飛行，誰還想回到爬行的時代？還是飛行的代價及不上所謂的自由？我們現代生活那進步、非歷史的抽離是否可能是否定身為人的其中一部分？我們會否是傳統的受造物？這樣，使我們脱離傳統，結果會否是自我疏離，甚至自我毀滅？

這些傳統和當代文化之間的張力在《馭鯨少女》[1]這齣電影中有力地表現出來。這齣電影以這句話開始：「在以前的日子……」，然後立即回到當代一間十分現代、科技化的醫院的生產場面。電影的開始既古老也是未來：向「祖先」呼喚，同時又記述下一代的出生。正是這古老—未來的張力推動著圍繞女孩派凱亞（Paikea）的敍事。

《馭鯨少女》講述新西蘭（New Zealand）伊斯特蘭（Eastland）區一個為了興旺而掙扎的毛利（Maori）族的故事。毛利族在現代適應得不大好：毛利族給年青人的「機會」製造了失落的一代。有些人好像波魯朗伊（Porourangi；片中應該接任酋長的長子）一樣，歡迎到外國旅遊的機會，視之為逃避傳統文化的限制和期望的方法。他的弟弟拉維里（Rawiri）則和族中其他年青人（例如海米〔Hemi〕的父親）一樣也採取逃避策略，但卻是逃避到被毒品奪去能力和支離破碎的敗壞之中。為了回應族人對毛利身分——特別是族中的儀式和「古老做法」——的抗拒，酋長柯洛（Koro）以重新致力以最嚴格的方式恢復傳統作為回應，從而令他的兒子波魯朗伊和拉維里與他更疏離。

柯洛將所有盼望都寄託在波魯朗伊的長子身上。在電影開始時，這個孩子很艱難才來到這個世界。柯洛相信，這個孩子就是會恢復祖先的能力，重新引導毛利族的「那一位」——會領導他們的先知。但這個嬰孩的出生引致他母親死亡——他自己不久也死去。波魯朗伊失去了妻子和兒子；柯洛失去了他的希望。在這哀傷和希望破滅的紛亂中，出現了一個孿生女嬰。這女嬰被祖父忽略，後來又被父親遺棄。在波魯朗伊死去的妻子面前，柯洛只能夠問：「那男孩在哪裏？」面對自己的父親，波魯朗伊有膽（和盼望？）告訴柯洛自己女兒的名字。他宣告説：「她名叫派凱亞。」

柯洛説：「甚麼？」

「你聽到我説甚麼。」

「不，不能叫那名字。」

為甚麼這個宣告令柯洛那麼害怕？因為這個名字既喚起又挑戰毛利傳統的核心。引導這個部族的敍事或神話圍繞著古代一個名叫派凱亞的人，當他的獨木舟在南太平洋翻側時，他坐在一隻鯨魚的背部，來到新西蘭的伊斯特蘭地區。自從那時開始，部族的酋長便是派凱亞後代的長子。波魯朗伊在自己的長子，也就是合法繼承人死去後宣佈自己的女兒名叫派凱亞，從柯洛的角度看，這是叛逆的行為，而且是公然拒絕祖先的傳統。而這實際上也是波魯朗伊在完全離棄這個島——以及他身為長子的責任，將嬰孩派凱亞交給慈愛的祖母和鄙視她的祖父——或酋長（Paka）——照顧前所做的最後一件事。面對柯洛對傳統的僵化理解，波魯朗伊惟一的選擇是拒絕和放棄：他離開自己的女兒，逃避部族，並且在整齣電影一個有力的象徵中，他將未完成的*te waka*或戰鬥獨木舟留在岸上。這隻完成了一半的獨木舟曾經是他藝術天賦和熱誠的有力表達，但現在被遺棄在岸邊，經受風吹雨打，但仍然佔據著族人的心。雖然他們嘗試拒絕和忘記自己的遺產，但那龐大、空無一物的船殼卻揮之不去。

我們再見到年少的派凱亞時，發覺她與酋長有令人很苦惱的關係——從兩方面令人感到苦惱（因為她不肯不愛自己的祖父）。一方面，酋長似乎不能不愛派凱亞。他在單車上與她玩耍，溫柔地看著她微笑；另一方面，每次他呼喚派凱亞的名字時，他熱切地希望透過一個新領袖——首生和男性的——復興部族的願望受到挫折。她向柯洛體現出柯洛的失敗，柯洛也擔心她象徵祖先已經放棄了這個部落；事實上，他視派凱亞為惡運。隨著首生的男孩死去，酋長的世系已經回到祖先那裏，柯洛必須找方法取回這世系——在某人中找回酋長的神魅。但他知道那人不可能是派凱亞：酋長的神魅永遠都不可能賜予女性。

所以，柯洛採取措施嘗試尋回傳統：他召集村中所有長子，開設一間神聖學校，以古老的方式模塑他們。派凱亞總是被拒諸門外，柯洛甚至不准她走近*marae*或神廟的土地，因為柯洛表示，那是「持守我們古老做法的最重要地方」。在這間神聖學校，那些長子接受古老做法的訓練：部族的吟頌和歌曲，故事和神話，舞蹈和儀式。這些男孩覺得那些古老的做法和現代相比顯得古怪，現代令他們感到最自在。例如：在戰舞的儀式中，柯洛教導那些男孩拍打自己胸部，「直至流血」；並在面對對手時伸出舌頭。柯洛解釋說：「你伸出舌頭時，是在告訴敵人：『我要吃掉你。』」那些男孩感到迷惑，有點猶疑地嘗試這種做法。

不過他們倒喜歡其中一種做法：一種使用長棍打鬥的儀式。現代對他們的模塑令他們對暴力產生某種興趣，即使是禮儀化了的暴力。派凱亞不獲准接受那種訓練，但卻從遠處用掃帚柄嘗試模仿那些動作。柯洛發現時，立即阻止她。他問她：「你想我失敗嗎？」但祖母告訴她家族歷史中一件有趣的事情：她叔父拉維里雖然現在因為吸毒而變得遊手好閒，道德敗壞，但他以前曾經是這種禮儀打鬥的冠軍（祖母說：「在他變得又胖又醜之前」）。因此祖母建議派凱亞請叔父私人教導她。拉維里的朋友和女朋友知道他年少時曾經是古老傳統的高手，感到很驚訝；其實拉維里自己也忘記了這件事——這是一個縮影，顯示他已大致忘記自己以前（和現在）是誰。但當派凱亞邀請他當她的教練時，他一抓起那條棍，便完全改變了。這傳統的製品彷彿有神聖的性質，似乎立即將他喚醒，不單提醒他記起自己以前是誰，也記起自己蒙召成為誰。這次和傳統重新聯繫，對這個失落一代的一分子有十分大的教化作用。拉維里懷著熱誠接受這個挑戰，不單訓練派凱亞成為部族中最精通這種打鬥的人，也恢復對自己的身分和價值的感覺。[2]

柯洛那長子的神聖學校最終要進行最後一次考驗，藉以找出誰是命定要將酋長的神魅帶回部族的那一位。柯洛帶那些男孩乘坐一艘不牢固的鋁製小艇（與他們一直都看見，擱在岸邊那有裝飾、龐大的*waka*相比，這是現代、細小、醜陋的製品）到海灣。他將艇停泊在海灣一個水深之處，從頸上除下一隻鯨魚牙護身符（一隻*reiputa*），將它拋到深海。他宣告說：「你們其中一人要將它取回給我。」那些男孩潛到水中，渴望取回鯨魚牙，確定自己是未來的酋長。他們一個接一個浮上水面，柯洛終於問：「唔，誰人找到護身符？」沒有人可以尋回。他們默默無言地回到岸邊；柯洛走到床上，連續多天躺在那裏。他失敗了；祖先沒有理會他的禱告；族人註定要落入被遺忘的黑暗中。

但派凱亞聽到祖父的禱告，同情他的掙扎。她在旁白中告訴我們：「他在呼喚遠古的人，請求他們幫助他。但他們沒有聽他的話……於是我便嘗試。」她走到*waka*那空無一物、經常縈繞心間的船身中。派凱亞在最強烈感到祖父的拒絕時，總是走到骨骼似的*waka*中。她父親短暫回到部族時，她也是在這裏與他有重要的交談。當時派凱亞清楚感到柯洛的拒絕，波魯朗伊向她解釋說：「他在找一些已經不再存在的東西。」他在找一個「先知」，一個「帶領族人脫離黑暗的人」。

但這次派凱亞退到*waka*是為她祖父祈禱——代替他呼喚祖先。「他們聽了我的祈禱。」這開始了電影一連串帶來改變的事件：一天晚上，派凱亞以對祖父的「愛和尊敬」發表了她得獎的演講。在演講中她解釋自己部族的故事，含著淚承認自己不是祖父期望的領袖；在同一晚，酋長終於從房間走出來，打算去聽派凱亞演講，但卻走回海灘。遙遠的呼喊將他引向海邊，在那裏他發現一大羣鯨魚在海灘擱淺，慢慢死去。他問自己：「應該怪誰呢？」祖先聽了派凱亞的祈禱，看見她的眼淚，所以來了。但這是甚麼意思？派凱亞得到的結論是：「這是一個考驗。」

面對這場悲劇，整個部族聚集在一起，整晚都在努力嘗試拯救鯨魚。他們以濕毛巾包裹著鯨魚，拿著水桶不停走到海邊。在黎明前其中一條鯨魚死去時，拉維里安慰一個很傷心的婦人。只不過幾小時前，她還是其中一個圍坐在桌旁玩紙牌、好嘲諷的老婦。鯨魚的死令她記起久已遺忘的生活方式。但隨著太陽開始升起，他們通宵的努力顯得徒勞無功。在海灘更遠處，他們看到一條鯨魚的龐大身軀，那一定是一條古老的鯨魚，比他們一直在照顧的都更大。如果要令那些較小的鯨魚回到水中都似乎沒有任何希望，這條龐然大物還有甚麼希望？

柯洛一邊吟頌和祈禱，一邊走到這溫柔、巨大的動物那裏。他很快便明白當時的情況：他們需要想辦法將這大鯨魚轉過來，令牠的頭朝向海。這樣，其他鯨魚便會跟從。柯洛向拉維里大叫，要他召集所有人參與這任務。但拉維里卻不及他那麼有信心。他說他們已經工作了整夜。柯洛說：「他們會為你而做。」第一次顯示柯洛在次子身上看到領袖的魅力。拉維里召集族人致力進行這艱巨、不可能的任務。他們的策略似乎很簡單：將一條大繩索綁在鯨魚尾部，以拖拉車拉著那條尾，男人和女人同時用力推鯨魚的頭部，嘗試令牠改變方向。拖拉車將繩索拉緊，繩索開始磨損，最終斷開。[3]現在怎麼辦？還有甚麼希望嗎？

派凱亞一直都在*waka*的船身看著這一切。族人離開海邊後，她走到那裏，小心地朝那條大鯨魚走去。她模仿自小已經學懂的毛利族傳統打招呼方式，懷著禱告的心與鯨魚擦鼻子，嘗試想出自己應該怎樣做。慢慢但堅決地，她爬上鯨魚的背部，做出和她同名的人——古老的馭鯨者派凱亞——的姿勢。鯨魚回應她的請求，將尾部拍打在沙上，開始將自己龐大的身軀轉向海洋深處。派凱亞繼續騎在鯨背上，在大鯨魚帶領其他鯨魚回到使牠們興旺的深海時繼續騎著牠。大鯨魚沉入水裏時，派凱亞似乎不肯放手，繼續和牠一起。

這事發生時，派凱亞的祖母開始找她。祖母呼喊說：「她在哪裏？她在哪裏？」這令族人將注意力轉向海灘和海洋。他們看見年輕的派凱亞騎在鯨魚背，引導牠們回到大海。祖母含著憂傷和憤怒的眼淚，將一件物件放在柯洛手裏：沒有男孩可以找回的鯨魚牙。柯洛問：「哪一個？」

他妻子憤怒地說：「甚麼『哪一個？』」柯洛也知道。

鯨魚潛入水的力度將派凱亞從鯨背推開。她後來被人從海中救起，情況嚴重。柯洛小心地走進少年派凱亞的病房，在她面前謙卑下來，順從地跪在她床邊說：「睿智的領袖，求你原諒我，我只是剛學習飛行的小鳥。」鏡頭接著轉到水底的寧靜，一條年幼的鯨魚在母親下面嬉戲地舞動。柯洛在自己最不預期的人身上找到祖先的神魅。

在電影結束時，我們看到在派凱亞帶領下，傳統富創意、出人意料地恢復過來。這傳統轉化和更新了整個羣體：在藍天之下是*waka*的船頭。這艘*waka*現在已經造好，閃耀著明亮的顏色，由波魯朗伊完成那些精細的雕刻。他已經回到家鄉了。波魯朗伊和拉維里帶領由失落的一代組成的隊伍，將*waka*划向海中，開始這艘船的處女航行。在岸上有一羣部族的舞者，他們穿著傳統的服飾，塗上傳統的顏料，由一些年青男女帶領，以古老的方式吟頌和高歌。這些男女本來被毒品和現代陰暗的一面污染。這齣電影沒有簡單地拒絕現代（現代醫藥令派凱亞重獲健康），但卻是在現代**中**恢復傳統，有時則以反對現代的方式這樣做，令派凱亞的族人可以更新他們的身分。是古老禮儀的古怪和馭鯨這奇特的觀念給他們將來。

贖回教義：更執著的後現代主義

教會最好學懂馭鯨。我們對現代怎樣侵蝕我們「奇特的人羣」這個身分需要留意和有辨別能力。我們組成基督的身體，尋求重拾聖徒那古怪和古老的團契，藉以重新模塑我們的身分。在這最後一章，我們會看到前面幾章描繪的後現代主義帶來的結果，應該是有活力的認信神學和教會學，在後現代文化，並為這種文化，毫無愧色地恢復前現代的實踐。更執著的後現代主義——真的徹底依從德希達、利奧塔和福柯的宣稱的含義（或者更好的是將他們的主要宣稱，與基督教神學傳統的洞見交織在一起）——帶來的不是以謙卑和憐憫的名義提出，宗教懷疑主義（「沒有宗教的宗教」）的一個稀薄、淨化的版本；而應該是宣告和採納「厚實」的認信身分的基礎。我們在後現代靈性，甚至在「冒起中」的基督教的名義上找到的很多東西，都是對基督教認信傳統的獨特性顯得畏縮。雖然這差不多肯定是對狂暴形式的基要主義（fundamentalism）——無論是基督教還是天主教——的一種糾正，但退入薄弱的「普世」基督教，將認信化約為溫和地關注公義或愛，仍然只是一個非常現代的計劃的一個隱性版本。[4]在這方面，後現代神學或宗教哲學的很多討論，實際上都是從後現代的批評那些更根本的含義上退卻。

最執著的後現代主義會產生後現代教義學——或者我們可以稱之為第二輕信的後批評教義學（postcritical dogmatics of second naiveté）。而在實踐的層面，更執著的後現代主義會產生的不是後現代教會，而是一種後現代催化劑，令教會**成為**教會。

在這方面，基督教神學近期的一個運動或觸覺體現了這種更執著的後現代主義。本原正統主義[5]——一種尋求在後現代性中闡述有活力的認信神學的觸覺——代表了更執著或徹底的後現代主義，這是在於它拒絕現代（和懷疑地）將知識等同全知。換句話說，與很多後現代神學或大陸宗教哲學不同，本原正統主義拒絕受笛卡兒式的焦慮困擾。[6]

我們這樣說是甚麼意思？我們必須明白很多宣揚後現代神學或宗教的人怎樣對宗教認信的某種特定、明確的表述抱持十分深刻的批判態度。好像德希達和卡普托（John D. Caputo）這樣的人物正確地指出（而很多屬於冒起中的對話的人在這方面都抱十分同情的態度），絕對確定這個現代笛卡兒式的夢只是：一個夢，而無可否認，對那些成了這種對理性的信心的受害人（被殖民的百姓、受剝削的造物等）來說，這是一個夢魘。而過分普遍的是，笛卡兒式確定的某個版本依附在某些特定的宗教表達上——結果是我們稱為基要主義的東西——並帶來數不清的害處。這種現代宗教——無論是後康德自由主義神學或基督教基要主義那些同樣現代的版本——的問題有兩方面：一方面，它以直接接觸和認知上的確定這種神祕的認識論為基礎；另一方面，它的果子包括傷害、暴力和羣體的苦難——受害人包括這些羣體裏面的人和被這些宗教羣體視為「他者」的人。

那麼，如果我們要變得**後**現代——如果我們要除去現代性最壞的東西——我們肯定不單需要放棄基礎主義認識論，也要放棄將車卡套在這笛卡兒式火車的宗教形式。但對德希達、卡普托和其他人來説，拒絕現代式宗教（和它伴隨的認識論）採取的批評形式，是我們可以稱為仍然接受笛卡兒定下的遊戲規則。特別是，後現代神學[7]的一個普遍方向是拒絕笛卡兒式地將知識等同近乎全知的確定，卻主張一種將信仰和知識對立的徹底懷疑主義，從而實際上保留了笛卡兒那種將知識等同確定的做法。德希達曾經説：「我不**知道**，我必須**相信**。」[8]換句話説，後現代神學家説：「我們不能**知道**神在基督裏使世界與祂自己和好。我們能夠做的最多只是**相信**。」為甚麼？因為知道表示肯定。我們知道這種肯定是不可能的夢；因此，我們實際上缺乏知識。我們不知道；我們只能夠相信，而這種信心總是神祕和含混的。但這並不是壞事；相反，這是釋放和公平的。正是當我們以為自己對神有認識時，我們便開始豎立界線和建立規訓。那些**知道**神想怎樣的人，對那些不知道的人帶來最壞的那種暴力，即使那些人是屬於那「知道」的羣體。不單異教徒被這種「信徒」（他們實際上是「知道的人」）傷害，那些在宗教羣體內，受到各種教條規則約束的人也受到傷害，即使那些規則是他們加諸自己身上的。因此，後現代宗教信仰避開知識，因此也避開教條和教義的特定性。換句話説，根據這種思想，後現代信仰視任何特定、確定的宗教認信為仍然受到知識污染；相反，後現代主義者宣揚一種「沒有宗教的宗教」，這種宗教與任何信條或宗派都沒有連繫——是更超越、較不確定（甚至是不確定）地委身於公義或「愛」的。[9]

很多嘗試全面思考在後現代中冒起的教會的人都正確地肯定這種批評。那些基督徒經驗是由美國基要主義模塑的人（好像我自己），特別容易接受這種對確定性現代宗教的批評，因為我們親身看見和經歷過這種實踐和神學表述的傷害——無論是對人還是對福音。因此，冒起中的教會輕忽地考慮沒有宗教的宗教，同情削弱教義和建制教會的後現代靈性版本，也是可以理解的。[10]不過，我提出這種沒有宗教的宗教並非真正的後現代，而是深刻的現代感情的延續。而且，更正當的後現代神學會拒絕這種批評的用語，這種神學實際上會對教義神學和建制教會友善得多。

首先，這種半後現代的沒有宗教的宗教沒有推翻現代對問題那笛卡兒式的闡述。相反，它接受笛卡兒式將知識和確定等同起來；然後因為這種等同是不可能的，便必然得出知識是不可能的這個結論。但我們毋須接受這套絕不讓步的邏輯。事實上，在笛卡兒以前，這會顯得完全是錯誤。從奧古斯丁到阿奎那，中世紀神學家都十分留意「理解」神（這是不可能的）和「認識」神（這是可能的，因為神以我們能夠接受的方式將自己賜給我們）之間的分別。[11]為甚麼我們應該認為知識的準則是好像神那樣的確定和全知？為甚麼我們應該接受現代將兩者等同這個明顯的錯誤？半後現代的沒有宗教的宗教實際上接受這種笛卡兒範式，並從這裏出發；而更一致或正當的後現代主義則拒絕這種範式，視之為哲學和神學歷史上的偏差。[12]

本原正統主義的特色正是這種對笛卡兒範式的拒絕。本原正統主義尋求令奧古斯丁和阿奎那對知識的論述復活。在這個古老—中世紀—正當—後現代的模式中，我們正確地放棄絕對知識或確定的意圖，但卻沒有因而完全放棄知識。我們倒可以正當地承認我們知道神在基督裏使世界與自己和好，但這種知識有賴（特定，特別）啟示的恩賜，[13]並非普遍客觀或可證明的，而且是詮釋和視角的問題（重要地明白聖靈的重生和光照是知識的一個條件）。我們承認知識，但那不是確定的；也承認真理，但那不是客觀的。

其次，德希達和卡普托對信條和確定宗教認信的批評以對現代笛卡兒範式的接受作為支持。認信一些確定的東西，並在信條或教義中體現出來，便是宣稱對超越有所知，而這種由半後現代主義倒轉過來的笛卡兒式懷疑主義不能夠接受這種宣稱。後現代的沒有宗教的宗教帶來的對「信仰」的肯定似乎同時是十分信仰主義和反建制的。從基督教角度看，這樣最重要的困難在於它是十分非道成肉身的。它以我在其他地方稱為「確定的邏輯」，而不是「道成肉身的邏輯」運作。[14]根據這種確定的邏輯，獨特性本身是暴力的，並會引致暴力；因此，為了避免暴力，我們必須譬如說有不確定的社會盼望，並盼望不特指的公義；或者我們必須有沒有信條或規訓的宗教羣體。但德希達的假設將確定等同暴力，是我們能夠也必須質疑的。確定和有限的會被解釋為暴力和排他，只是在我們假設有限是失敗的時候—— 表示我們是蒙召成為有限的。簡單來說，接受德希達所有確定或有限都構成暴力這個假設，會令人需要採納諾斯底本體論的某個版本，將有限解釋為一種墮落，一種原初的違反。但我們有自由拒絕這種假設，特別是基於基督徒的理由。

我提倡我們不要採納確定的邏輯，將有限或特定解釋為暴力；而是採納道成肉身的邏輯，尊重有限和特定為善。如果我們轉而以肯定體現為善作為開始，那麼有限和特定的事實——例如承認神在某特定時間（「在彼拉多手下」）和特定地點（「由童貞女馬利亞所生」）成了肉身——便不會被解釋為不公義或暴力，因為在拒絕了德希達那確定的邏輯後，我們必須也拒絕非歷史、非地域、超越的宗教這個十分現代的觀念。因此，宗教認信的獨特性本身不是暴力。（我們甚至可以說，我們可以在德希達早期著作未經發展的方向找到這種道成肉身邏輯的種子，以致可以正是在這點上解構德希達。）[15]

基督教的認信始於神成為肉身，並在特定的時間，特定的地方，在某個特定的人裏面成為肉身這個令人反感的現實。對特定性的肯定在道成肉身的核心，道成肉身本身重新肯定創造時肯定的特定性是善的。這種對特定性的肯定在基督的身體，也就是教會裏面，並由教會擴展。但這種對體現和特定性——包括對教義認信、建制教會、教義在歷史上的展開等等——的道成肉身式肯定，與沒有宗教的宗教那殘餘的現代相比，是更正當的後現代。康德式的沒有宗教的宗教將信仰化約為對愛或公義的一般性肯定。更執著的後現代主義則接受確定性認信和它的制度——教義神學和認信地管理教會——這令人反感的道成肉身事件。[16]或許，在它最令人反感的形式中，沒有甚麼比階級更後現代！[17]（沒有甚麼比自主、非宗派的無政府主義更現代。）

到目前為止，我都在提出，正當的後現代教會是教義性而不是懷疑性的。這並非提倡回到非批判的基要主義或宗教右派的勝利主義姿態，而是肯定我們的認信和實踐必須毫無愧色地從基督教認信的獨特性出發，這認信是神在基督裏的歷史性啟示中給予我們，並在教會回應那啟示的歷史中展開的。因此，變得教義性就是毫無愧色地認信，這要求我們對我們認信的確定性特質毫無愧色，這與很多後現代神學流露的笛卡兒式焦慮相反。這應該轉化為有力地取用教會的語言，以它作為思想和實踐的範式。這種對啟示的首要性的肯定雖然是本原正統主義一個核心信條，但包括後自由主義在內的其他後現代神學運動也有這個特點。[18]但啟示的首要性這個問題帶出另一個關注。我想在更特定地考慮對歷史作道成肉身式肯定對崇拜和門徒訓練有甚麼含義前，先簡單地處理這個關注。

我對後現代或冒起中的教會的模式的其中一個關注是我們可以技術性地稱為相關性模式。[19]「相關」指一種神學策略，它的背景明顯是現代的。它以以下方式運作：以對某個世俗學科——無論是哲學、心理學、歷史或社會學——的研究成果的某種信心開始，相關性神學採納這個中性或科學框架作為基礎，然後將基督教的神學宣稱和世俗科學揭示的事實關連起來。例如：布特曼（Bultmann）接受海德格對人類狀況的存在性論述那（假定是）中性的事實，然後將基督教神學與之關連起來，配合這個模式。解放神學視馬克思社會學的研究成果為揭示關於人類羣體的科學事實，然後將基督教神學與這「科學」基礎關連起來。在每個情況下，相關性神學都有很深的**護教**關注：最終的目標是令基督教能夠被某種文化理解或視為合理（即使它根據有超文化、中性、客觀的理性這個假設而運作）。不過，在過程中，首要的不是基督教啟示或認信傳統的獨特性，而是科學、經驗等的這一端，而它們被視為中性的「給定」。[20]

但這種相關性方法不單在神學上是真實的；我們在教會實踐中也可以明顯看到它存在。事實上，對當代福音派其中一個最尖銳的批評是指控教會主要在周圍的文化中尋找作為教會，或者更好的是「做」教會的規範。因此，對尋道者敏銳的教會尋求以一種給定（通常是白人、中上階層）文化將福音轉化或關連，甚至給這種文化某種優先地位。韋伯有用地描述為「實用福音主義」[21]的做法在更現代的層面運作。冒起中的教會有很多人都批評這種主導巨型教會（megachurch）和教會增長範式的文化吸納。但我不禁想到，在創造後現代教會的名義下，冒起中的教會有沒有以其他方法繼續這種關連。雖然這絕對不是鐵板一塊的現象，冒起中的討論中肯定有一些只是尋求令教會趕上時代，以後現代而不是現代文化將教會關連起來。那些在冒起中的對話中比較深思的人看到這個事實：很大程度上相同，實際上只是擴展（現代的）實用福音主義。不過，即使在更深思的冒起中的思想家中，我們也可以看到保留關連性姿態的痕跡。他們仍然有某種觀念，認為教會需要「留意」後現代性，令後現代文化為教會製訂議程；而不是以後現代性作為催化劑，讓教會恢復自己真正的使命。[22]

如果我們想正當地後現代，我們便必須刻意抗拒這種相關性模式。而在這方面，本原正統主義在診斷和處方上都有啟發性。在診斷的層面，米爾班克（Milbank）指出，「現代神學的不幸是它虛假的謙卑」。[23]現代神學將基礎讓位給現代性的條件，接受神學論述必須是中立的科學這個觀念，所以需要是護教性的。但「一旦神學將它的宣稱讓步給大敍述，它便不再能夠闡明神這位創造者的話，而必定會變為某種有限的偶像一種神諭的聲音，例如歷史的學問、人本主義心理學或超驗的哲學。如果神學不再尋求定位、限制或批評其他論述，這些論述便無可避免地會定位神學。」[24]但正是德希達、利奧塔和福柯的後現代批評揭穿了這個中性科學論述的神話。這神話宣稱這種科學論述可以替神學論述那假定的非理性定位。所有論述和規訓都源自委身和信念，而委身和信念最終的本質都是宗教性的。沒有科學論述（無論是自然科學還是社會科學）只是向我們揭示神學必須順從的現實的事實；相反，每種論述在某種意義上都是宗教性的。比賽場地已經平整了。神學在拒絕存留的相關性那虛假謙卑，轉而毫無愧色地從基督教啟示和教會的認信語言的首要中發言時，是最堅定地後現代的。因此，本原正統主義比德希達式宗教懷疑主義是更正當地後現代，正是因為它接受這個情況。事實上，它「有意克服現代神學的不幸，並以後現代的條件，恢復神學作為大敍述的可能」。[25]

在神學方面拒絕相關性，在我們對教會實踐、崇拜和門徒訓練的理解也應該是真實的。如果現代神學的不幸是它虛假的謙卑，後現代的基督徒實踐和冒起中的教會的不幸則可能是持續的虛假謙卑。如果基督教神學應該從神在基督和聖經中的啟示的首要性出發，基督教的崇拜和門徒訓練實踐也應該這樣做。我們對教會是甚麼的理解也必須由啟示和基督教傳統的優先性，而（甚至）不是後現代文化的需要或尋求的東西來模塑。本原地正統的教會實踐會拒絕適切這相關性的偶像，但卻不會放棄殷勤這主要的動力。我們在《馭鯨少女》中看到這個模式：羣體屈從現代性只會帶來災難。拒絕傳統而接受現代顯明是失敗的。但解決方法不是與現代討價還價，作出妥協——在現代的信條和信仰傳統一個「適合」現代人的稀釋版本之間達成關連。（相關總是給予文化——無論是現代還是後現代——特權）。當羣體冒險將傳統放在首位——給自己的信仰故事首要地位，讓那些故事替他們對現代（或後現代）的回應和挪用定位時，便找到醫治和公共的整全。[26]但這並不是簡單的往回走：它是在後現代處境中不完全一樣地重複傳統。它不是懷舊、浪漫地走回舊路，而是**為**後現代文化創意地恢復傳統。畢竟，酋長的神魅出人意表地寄寓在一個女孩身上。

恢復傳統：認真看待歷史

我提出由本原正統主義闡述、更堅定的後現代主義始於首要地肯定道成肉身。在前一節，我論證說如果我們的神學和實踐基本上是道成肉身的，它們便應該是催化劑，藉以重新肯定基督教信條、認信和教會實踐的獨特性。我想將這道成肉身邏輯擴展到另外兩個對基督徒在後現代世界中崇拜和門徒訓練十分重要的領域。首先，在這一節，我會提出道成肉身應該包括深刻地肯定時間和歷史，而這應該轉化進大公*和傳統（雖然是以後現代模式）的教會實踐中。下一節會沿著兩條軸探討道成肉身地肯定空間的含義：肯定禮儀和藝術，以及委身於地點和本地羣體。

讓我們首先思想時間。現代在追求普遍、非歷史的原則和

* **譯按：**英文的catholic既可以指天主教，也可以指大公。翻譯時按上下文適當地使用其中一個譯名。

真理，能夠應用到所有時間、任何地方和所有人時，嘗試超越時間，這是有重要意義的。這種對非歷史性的普遍傾向帶來將某種特定的實踐殖民主義強加為理性和普遍的，但實際上它們是十分確定的歷史和地理的果子。在這方面，現代性代表恢復傳統柏拉圖主義，認為理念——現代性真正關心的是理念——在理型永恒、不變、非時間的領域交流。[27]換句話說，掌握一個理念，就是超越時間，而真正重要的理念是不受時間或改變影響的。事實上，形體和物質的領域——世代和腐朽的領域——也是時間、歷史和改變的領域。因此，由脫離實體的笛卡兒式「思考的物體」開展的現代與形體和時間的世界有含糊的關係，也就不足為奇了。歷史不是被肯定為潛在可能的物質開展的場所，而是要被征服和超越的東西。例如：對康德來說，正當地合符倫理或善的東西不能夠和時間或地點的特定偶然事件有任何關係。

教會的神學以不同方式加入這非歷史性：沿著更自由、後康德的軌跡，基督教信仰的歷史獨特性被化約為非時間性的道德教導，是普遍和無條件的。因此，耶穌所教導的成了好像康德那種絕對命令——一種普遍倫理，以理性而不是一套與特定羣體有關的具體實踐為基礎。自由主義基督教藉著將基督教化約為普遍、理性的道德教導要點，培養非歷史性。沿著更保守、福音派的軌迹（在這裏宗教改革並非完全無辜的），人們看到基督徒不能單單拋棄基督事件一耶穌基督的出生、生命、死亡和復活一那歷史獨特性。不過，他們仍然有對物質歷史有一種半柏拉圖式、半諾斯底式的拒絕，以致福音派雖然沒有退化成純粹的非歷史主義，但卻被一種經修改的非歷史主義，我們可以稱之為原始主義所主導。原始主義保留了對神在歷史中的行動（在基督的生命以及通常在第一世紀的使徒活動中)的最低委身,[28]然後尋求只以這第一世紀的「新約教會」作為當代實踐的規範。[29]這通常是以對聖經和傳統作出僵化的區分來表達(後者通常被嚴厲批評為「人的傳統」,相對於聖經那「神賜的」現實)。[30]因此,這種原始主義是反信條和反大公的,拒絕在任何意義上認為在第一和二十一世紀之間由教會展開的東西對現時的信仰和實踐有任何規範作用(正典的形成這個問題是一個有趣的例外)。跨越時間和在全世界將教會聯合起來的普遍信條和認信一例如使徒信經(Apostles' Creed)或尼西亞信經(Nicene Creed)一在原始主義的崇拜實踐中不是「有生命的」。原始主義的崇拜實踐強調一種自主甚至孤立的觀念,同時又宣稱與第一世紀的使徒實踐有直接連繫。[31]

我提出這種反大公的非歷史主義是源自吸收了現代對道成肉身邏輯和肯定創造的善——以及伴隨的具體化、時間、歷史,因而也包括傳統——的厭惡。肯定創造的善[32](創一31),就是肯定時間的善,肯定時間在歷史中展開的善,以及肯定這個過程在傳統中的果子的善。正如米爾班克說,「參與」神的不單是物質創造;我們自己那人類的*poiesis*或「製造」也是一種共同創造,也參與神的超越。換句話說,人類的文化製造——包括教會在時間上的制度和實踐的文化製造——是聖靈繼續活動和啟示的場所。[33]

雖然冒起中的教會正確地拒絕實用福音主義的非道成肉身神學和實踐,但我不禁懷疑,它有沒有保留現代的一些非歷史主義或它的福音派版本,也就是原始主義。在後現代基督教的名義下,我們往往聽到關於相信耶穌但不相信基督教,不讓傳統扭曲耶穌在福音書中的激進信息，或者從傳統中分別出福音那些不容妥協的精髓等觀點——而諷刺的是，有關的傳統通常是實用福音主義的計謀。有時這是以關於神學觀念一些調節原理來表達：如果一個神學概念並不存在於聖經中，那麼它便沒有任何規範性。[34]這也支持冒起中的教會一種持續的非宗派主義甚至反宗派主義，拒絕任何建制等級那規範的認信界限。這關係到我們較早時指出冒起中的教會存留著對自主的肯定；沿著時間的軸，我們看到對時間、歷史和傳統存留著、非道成肉身的拒絕。

本原正統主義闡述一種對歷史道成肉身式的肯定，可以藉著驅除冒起中的教會那隱藏的原始主義，幫助它仔細考慮自己對道成肉身的委身。因為正如皮克施托（Catherine Pickstock）宣告：「本原地正統的視角其中一個最重要的目標是在我們對現實的理解中恢復時間和具體化。」[35]在這更道成肉身的論述中，時間不是「以懷舊的工具為之哀歎或規避的東西，而是我們可能的狀況本身」。[36]如果我們受造成為有限、有時間性的造物；那麼，我們可以說，時間便是我們呼吸的良好創造空氣的一部分。「在時間中的可變性實際上是界定我們的東西。」[37]成為人就是有時間性；有時間性就是有傳統，而這只是說我們總是，而且只是以社會或共同的方式具有時間性。[38]

但這並非傳統**主義**；肯定時間、歷史和傳統拒絕物化、靜止的過去，助長傳統主義的懷舊這種觀念。相反，皮克施托強調一種對時間古老—將來的肯定。我們的構成「同等地是由過去和將來達致。因為沒有時間的協調——過去、現在或將來——有最大的支配作用。」[39]她總結說：「與時間這獨特的關係，使我們同時遠離自由派和保守派，因為兩者都傾向祈求神學或神的觀念支持某些先存的價值——無論那是保守派對傳統的崇拜，還是自由派那不受時間限制的人文價值。相對於這些立場，〔本原正統主義〕寧願強調沒有這種預先確立的給定，因為一切都是永沒有完結的工作，仍然有待揭示在時間空隙中那看不見的東西。」[40]現代性的錯誤是它壓抑時間，而這對時間的壓抑在自由派的非歷史主義和保守福音派版本的非歷史主義，也就是原始主義中都可以看到。和這兩者不同的是，本原正統主義主張肯定時間作為聖靈開展的道成肉身場所，從而認真看待時間在傳統中體現時結出的果子。這不是對傳統的崇拜，而是明白時間是神持續啟示的媒介，並承認在我們之前有某種權威和規範。

要簡略地描述這種對時間和傳統的肯定是十分簡單的：這就是大公信仰。教會要變得後現代，便應該變得大公。驟眼看來這可以顯得反直覺。但冒起中的教會反抗的是派別主義一種深刻和傷痛的經驗；解決的方法是一種寬大的正統性和健康的大公性。要冒起便應該包含變得大公。

福音派傳統可以以十分具派別性、地域性和論辯性的形式存在，這並不是祕密。[41]但當我們判斷福音派信仰這種例示的成因時，會找到一個普遍的原因：失去記憶。特別是，這種福音派身分的派別版本傾向視本身為比較新的發明，或者——依從我們已經指出的原始主義邏輯——是「真」信仰和「新約教會原則」的重新恢復。福音信仰和實踐最論辯性和分裂性的排列，傾向展示一種原始主義和時間性傲慢的矛盾混合：一方面，它們傾向有一種剛從天上掉下來的神態；但另一方面，它們又宣稱給我們惟一真正的保羅版本基督教。福音派傳統這些論辯的元素雖然吹噓恢復真理的觀念，但卻似乎以深刻的遺忘為特點。我們可以提出，這些基督教版本對「聖潔」和「使徒」比「大公」更感興趣——彷彿這些特點是可以分開的。

在早得多的時候，在第五世紀初，奧古斯丁與派別主義的另一個版本——多納徒主義（Donatism）——搏鬥，這種主義也傾向有遺失記憶的毛病。因此，當奧古斯丁從牧養角度為自己的會眾處理這個挑戰時，他提倡記憶。他特別吩咐他們：「要記得你們是大公的」（講章五十二）。冒起中的教會今天可以聽從同樣的勸告。心中記著奧古斯丁的勸告，冒起中的教會可能在不大可能的地方找到資源，那就是教宗傳記作者維格（George Weigel）的《給一位青年天主教徒的信》（*Letters to a Young Catholic*）。

成為大公的勸告會令福音派人士遲疑，正好證明為甚麼這種勸告是那麼重要。（我到過一些福音派教會，信徒在背誦信經時，將信經投射到屏幕上，期望我們承認「神聖而普遍的教會」，為的是將事情弄對。）在甚至認信教會也被某種一般的福音派實用主義、美國的公民神學或主流自由主義同化的時代，我們應該接受維格的《書信》，以它們來提醒我們記起奧古斯丁的挑戰，要記得我們的大公性。這樣記得我們是誰——耶穌的門徒，是一個神聖、大公、使徒教會的成員——是對福音派傳統那些分裂和論辯元素有力的解毒劑，而且也應該復興一種**對照**，或者維格稱為「大公性分別」的觀念。[42]

福音派人士——特別是「冒起中」的福音派人士——最難想像自己是這些信件的收信人。由於身分和歷史因素的不同轉變，我們可能不會立刻想到自己是一本寫給「天主教徒」的書的讀者；但由於我們的信經包括認信一個神聖大公的教會，維格闡述的是基督教信仰和實踐的核心。雖然我們經常聽到「天主教」這個詞用來將一個基督徒羣體與其他基督徒區別出來，但維格在談到「大公信仰」時，指的是將神的百姓從當代世界的世俗或外邦信仰中區別出來的信仰。如果這裏有論辯性的話，它也不是針對其他基督徒（維格沒有將新教徒妖魔化），而是針對基督教信仰最具誘惑性的敵人：世俗主義、自然主義和自由主義。維格闡述「大公性分別」時，不是將羅馬天主教徒從長老會會友中區別出來，而是描述甚麼將神的百姓區別為一羣奇特的百姓和一個聖潔的國度。事實上，維格甚至想重新給隔離區這個觀念活力。他回憶自己年少時在巴爾的摩（Baltimore）的天主教隔離區時總結説：「最被隔離的人是那些不知道自己在特定的時間、地點和文化中成長，認為自己可以在特定的現實和羣體以外接觸到普遍真理的人。」[43]好像我一些荷蘭朋友受到波圖克（Chaim Potok）小説中描述的哈西德（Hasidic）羣體吸引一樣，維格給我們一種感覺：一個由「大公性分別」形成的羣體成為加力的隔離區——雖然有它自己的掙扎和挑戰。維格提出：「真正的問題不是你是否在隔離區中成長，而是你那獨特的隔離區的觀念和習俗和節奏，有沒有預備你在沒有與自己的根源失去聯繫的情況下接觸其他觀念、習俗和生命經驗。」[44]

當然，以「大公性分別」為特點的同一羣奇特的人也組成一個跨國別和持久的羣體。因此，維格向他的年青對話者介紹大公信仰的策略是帶他遍遊有大公信仰的典範的大公地點。維格從自己年少時在巴爾的摩的隔離區開始，帶我們展開一個「書信旅程」，參觀好像聖彼得的羅馬（Saint Pete's Rome）、切斯特頓在倫敦的酒吧（Chesterton's pub in London）、西乃山上聖凱瑟琳的修道院(Saint Catherine's Monastery on Mount Sinai)、紐曼大主教(Cardinal Newman)在伯明翰(Birmingham)的小禮拜堂和克拉科夫(Kraków)的聖三一大教堂(Basilica of the Holy Trinity),這是書中幾個位於波蘭的地點的其中之一。(奇怪的是,旅程中沒有北半球以外的地方;事實上,在這記述中完全沒有提到南美洲和非洲。)結果是豐富地描繪了構成「大公性分別」的核心主題和證詞。而這「大公性分別」「歸根結柢是一種看世界的方式」。[45]如果你容許一種該柏爾式的放縱,我會說維格是為基督徒世界觀和生命觀提供一種明晰的論述。而事實上,我認為這本書很好地提醒我們記起我們的大公性——為甚麼我視它為奧古斯丁式勸勉,要我記起我是大公的——是因為維格幫助我們將傳統視為改革宗世界觀一部分的重要主題定為最終是**大公的**基督教。他指出:「大公主義雖然是一個信仰羣體和一種生活方式;**但大公主義也是一隻眼睛,一種看事物的方式,一個對現實的獨特視角**。」[46]而大公主義其中一個核心特點是它對傳統的強調。大公信仰構成一個記憶羣體,同時抗拒浪漫主義和否定一九六八年以前的一切的時間性傲慢。維格提出:「基督教思想應該採納一種**時間的普世教會主義**,從任何歷史時期汲取智慧和洞見。」[47]換句話說,大公主義是切斯特頓所說的「死人的民主」,因為它肯定傳統,這「表示給所有階級中最不重要的一個,也就是我們的祖先投票權」。[48]正是這種時間的普世教會主義令大公基督教對紐曼稱為宗教中的自由主義提出批評。[49]在我們這個時代,我們以後現代靈性的名義得到的可能更接近「自由主義」,紐曼的聲音和批評可以在恢復認信傳統更對立的一面——維格稱為「大公性**分**

別」或「抗衡文化的大公主義」—— 時成為我們的盟友。

更堅定地後現代的教會必須是徹底地道成肉身的。肯定道成肉身就是肯定空間和時間的特定性的令人反感。這需要有一種健康的感覺，在我們前矚將來的終末盼望時由我們的傳統構成。後現代教會會藉著作為奇特的百姓，透過一個活著的傳統的實踐和語言朝向一個將來的國度，從而向同代人作見證。[50]後現代教會必須冒險學習馭鯨。

更新身體：空間、地點和道成肉身

徹底肯定道成肉身表示不單肯定時間（和歷史及傳統），也肯定空間；也就是說，它必須包含肯定笛卡兒稱為擴展，然後很快便勾銷掉的東西 —— 身體、建築物和一碗碗的湯 —— 的善。（「思考的物體」永遠不會變得飢餓。）神良好的創造 —— 好像時間 —— 的物質性是現代尋求壓抑的。而現代主義、基要主義的崇拜和靈性都反映了這點：專注於教誨式講道，表示傳遞構成基督教真理「系統」的觀念，福音派崇拜助長一種「發言人特寫頭像」的基督教，這種基督教和笛卡兒式現代的「思考的物體」十分配合，但卻和神在亞當及夏娃中帶來那種有活力、有血有肉、羣體的存有不大配合。福音派崇拜的搗毀聖像和對禮儀的恐懼和現代科學的內在論給我們的除魅世界有直接的關係。

因此，在這裏，如果我們想在某種意義上後現代，我們似乎同樣必須恢復古老的禮儀和實踐元素，因為正是禮儀尊重我們的肉身性。但這不是傳統主義的命令；而是源自我們對世界以及身為人類是甚麼意思的想法。換句話說，對禮儀和崇拜美學的道成肉身式肯定是道成肉身本體論（論述現實的本質）和整全人類學（論述身為人是甚麼意思）的果子。[51]如果我們想抗拒人類作為「思考的物體」這幅笛卡兒的還原論式圖畫（我們也應該抗拒其他將人僅當為消費物體或生物物體的還原論論述），我們也必須恢復整全人類學，我們從聖經找到這種人類學的暗示，奧古斯丁的大公傳統則對它加以解釋。道成肉身式人類學始於肯定人類是物質：我們不單棲居在血肉之軀中，我們也**是**血肉之軀。有身體就是身為人類造物必定有的特點。這樣，我們並非由思想界定；我們主要是情感：人的中心不是頭腦，而是心。（這並非表示我們是非理性的，而只是說理性〔頭腦〕是相對於奧古斯丁所說的「愛的正確秩序」—— 我們心的方向。）帕斯卡的名言「心有理性毫無所知的理由」，是想提出感情、體現的「在世界的存有」（being-in-the-world）那基本性。這整全人類學（或對人的論述）是後現代的，正是因為它拒絕現代的還原論，但它卻無可否認地恢復前現代、聖經世界觀的主要洞見。

由於這種對體現、物質性和情感性的基本肯定，本原正統的世界觀基本上是禮儀性的。它不單肯定物質身體的良善，也肯定整個物質領域有啟示的潛質。而當這加上對時間和傳統的道成肉身式肯定時，本原地正統的遠象便就教會的傳統、儀式和禮儀的各個方面主張一種特別的聖禮模式。

維格說大公眼睛因為**禮儀的想像**而得到活力時也指出同一點。（再一次，我提出要變得後現代的最好方法是變得前現代；要成為冒起中的教會，便必須成為大公的教會。）維格在切斯特頓經常到的那個古老地方—— 倫敦的「切希爾乳酪吧」（Cheshire Cheese Pub）—— 看到這種禮儀的想像為我們展開。在那裏這位圓圓胖胖的護教者享受食物和麥芽酒的物質恩賜。正如維格說，切斯特頓對物質世界的喜好顯示「基本的大公信念：**物質是重要的**。」事實上，維格作出一個十分正統的宣稱：只有對世界的大公論述才能夠真正肯定物質性：「大公主義比那些喜歡視自己為世俗的人更認真看待世界和世界上的事物。」[52]他論證說，基要主義者和所謂的物質主義者都贊同一種**諾斯底想像**；只有那些肯定道成肉身的悖論的人才能夠以禮儀的想像看世界。[53]

我們在霍普金斯（Gerald Manley Hopkins）的詩和渥夫（Evelyn Waugh）的《拾夢記》（*Brideshead Revisited*）那幾乎是禮儀性（或施法術）的愛梯（ladder of love）中同樣找到對物質的肯定。[54]而最終是這種對創造物的肯定令我們認真看待歷史，正如朝聖和崇敬的地點表明那樣。在評論聖彼得大教堂下面的*scavi*（出土物）時，維格提出：「那些*scavi*和那方尖塔——彼得的遺物和可能是彼得在今生中最後看到的東西——以大公主義的歷史可觸摸性和堅定面對我們。」大公信仰的基礎是一些我們可以觸摸的東西。[55]

雖然大公主義看起來似乎是專注於來世的意識形態，但維格指出，吊詭的是，只有大公信仰才可以真正肯定世界——而現代物質主義者和自然主義者實際上將世界壓平，化約為無有（和伴隨的虛無主義）。這點在本原正統主義所說的「參與性本體論」中得到說明：只有當我們看見世界「參與」神時，才正確地將世界的本質理解為創造。或者，正如這個觀點的倡議者說，創造是從神那裏「懸擱」。世界的物質東西是從非物質、不可見的神那裏「懸擱」，在祂裏面「我們生活、動作、存留」（徒十七28）。這物質的懸擱給物體它本身的深度；令物體不單是物質。

另一方面，現代自然主義那除魅、被壓平的物質實際上將物體消解為無有。因此，只有基督徒才能夠成為真正的物質主義者！

由於這種基督教物質主義，大公的後現代主義（或者後現代大公性）在兩個層面肯定聖禮。一方面，它肯定一般的聖禮：整個世界都有潛力作為通往神的窗戶，以及作為從神得到恩典的途徑；因為神自己肯定物質是好的東西。我們不單在創造本身中看到這點，也在創造在道成肉身中得到重新肯定中看到，在道成肉身中神樂意棲居在肉身的良善中。而且，在我們盼望身體復活中，物質性接受終末式的肯定。甚至將來的國度也會是聖禮的物質環境。另一方面，當道成肉身式本體論和人類學與我們較早時對時間和傳統的肯定聯繫起來時，大公的後現代主義也肯定一種特殊的聖禮——在洗禮和聖餐禮中有一種特殊的同在和恩典的途徑。因此，正當的後現代教會學必須克服對洗禮和聖餐禮那深刻地現代（和慈運理式）的觀念的勝利，並恢復更厚重、更重視聖禮的崇拜實踐。

如果提出只有基督徒（或者我現在稱為「後現代大公信徒」）才可以正當地作物質主義者顯得古怪的話，一個相關的主題提供了一種將最初的印象以類似的方式顛倒過來：雖然人們以為大公主義對性施加壓抑，因而是維多利亞式的；但事實上，在大公主義的根源是對身體豐富和肯定的神學。維格以道成肉身的基本肯定為基礎，提供一種對西斯廷教堂（Sistine Chapel）的評註，幫助我們得出若望保祿二世（John Paul II）的結論：西斯廷教堂是「人類身體神學的聖所。」[56]肯定創造的良善的聖禮想像，給一種聖像想像活力，這種聖像想像肯定那不可見的在可見的中的同在——將身體的凌亂「提升」到不單是生物學的器官。維格總結說：「人類身體是聖像。」而如果這在西斯廷教堂中得到描繪（信件八），並支持沙特爾大教堂（Chartres Cathedral）的美，作為天堂的一種「前廳」（信件十二），若望保祿二世便最有力地闡明這點。「在將關於性革命的論辯帶到遠超過你能夠想像的拘謹的行動中，若望保祿二世提出，在忠誠和有成果的婚姻聯結中的性愛絕不低於神自己內在生命的聖像。」[57]《紐約時報》（*New York Times*）的一個記者以為西斯廷的裸體像會令教宗感到尷尬，但事實剛好相反，若望保祿二世在一九七九到一九八四年間一百二十九次向會眾的演講中，穩定地勾劃一種身體的神學。維格了不起地顯示這種對具體形像和性的肯定在當代處境中是多麼反文化。

認真看待道成肉身表示認真看待身體，這表示肯定身體佔有的空間為啟示和恩典的場所。聖禮想像始於假設我們的門徒訓練不單倚賴——甚至不是主要倚賴——將觀念傳遞進我們的思想中，而是倚賴我們沉浸在具體的實踐和禮儀中，這些實踐和禮儀模塑我們成為神呼召我們成為的人。只有笛卡兒式的「思考的動物」才能夠沒有禮儀；對我們這些具體的受造物——無論是古代還是後現代——來說，儀式和禮儀的節奏是仁慈的實踐，令門徒訓練和模塑變得可能。因此，後現代崇拜籌劃恢復基督教傳統的美學面向，作為重新引導我們在羣體中的想像的必要途徑——重整我們的愛的途徑。[58]我們受造是為了故事而不是命題；是為了戲劇而不是要點。正如有人提出，人類不能單靠散文生存。[59]神成為肉身的故事最好是以詩和繪畫這些情感的崇拜表達，而不是以Power-Point「信息」狹隘地以認知的方式教導。正當地後現代的崇拜藉著重拾禮儀性崇拜那整全、全面的物質性，令所有感官——包括聽覺（不單是「信息」，而是宣講的聖言的詩）、視覺（對視覺藝術、聖像和崇拜的建築空間有新的欣賞）、觸覺（在公共的交往中，也在觸摸是基督的身體的麵包時）、味覺（身體和血）甚至嗅覺（新約的杯裏的酒，和崇拜中的蠟燭和香的香氣）——都活躍起來，從而抗拒這種化約主義。神取了人的身體，也將我們的身體帶到崇拜中，並令我們參與神聖。

最後，如果本原地正統、道成肉身式的遠象認真看待時間和傳統，並肯定身體和空間的良善，它也應該小心地思考**地點**。本原地正統的遠象不單包括獨特的禮儀和美學，也包括獨特的地理。如果現代助長對無時間性的非歷史偏好，以及將人當為只是思想動物的脫離實體觀念；它也助長與空間和地點脫離聯繫。麥卡錫（David Matzko McCarthy）將這連繫到（現代、資本主義）市場不斷增強的霸權。對此，馬克思有名地指出，所有固體的東西都在空氣中溶解。他指出：「我們現代的增長經濟需要我們對人和物件的依附只屬表面。我們必須移動，才能夠跟隨市場。」[60]我們不單在國內和國際地域上愈來愈流動，我們也發覺現代市場令我們成為不能在一個地方長時間得到滿足的人。在城市比較細小的家不能夠滿足對更大更好的家的渴望，所以我們由市場推動而進行朝聖，去到市郊取得所需的呎吋和足夠數目的車房門口（新的標準是三個）——雖然這也表示我們花更多時間坐在我們多用途跑車那孤獨的空間中。（笛卡兒需要退到私人房間中夢想「思考的動物」；我們卻可以在I-95公路上長途駕駛，藉以增強這種唯我論。）

我們可以提出，市郊是典型的現代，因此，福音派教會不單跟隨市場，也在市郊環境中以「巨大」的形式興旺也就不足為怪了。例如：堪薩斯市（Kansas City）的「第一家庭教會」（First Family Church）包括一個很大的大堂，周圍有等離子電視，還附有食品廣場，向四周伸展、好像邦諾（Barnes & Noble）的書店，和進入兒童魔術王國的基督教版本（在那裏兒童參加主日學時要用機器掃描他們的條碼）的通道。[61]但最能夠象徵「第一家庭教會」脫離地點的是好像金屬護城河一樣圍繞教會的車海。由於停車場與運動館般的聖所（那建築助長實用福音主義的搗毀聖像）的入口距離愈來愈遠，來賓由大型的哥爾夫球車迎接，這些車將穿著整齊的家庭穿梭送去參加崇拜。而在崇拜結束時，停車場助理在多用途跑車駛到出口，分別向市郊奔馳時幫助指揮。[62]

在市郊教會護送多用途跑車參加和離開「崇拜」，要歸因於笛卡兒式現代那脫離實體、非體現的世界觀；多於大公教會的本原道成肉身式認信。作為正當地道成肉身、更堅持地後現代的教會，不單包括崇拜實踐的聖禮、具體模式，也轉化為對我們崇拜地點的考慮。基督教的教會（*ekklēsia*）必須不單關乎禮儀，也必須是地方的；它必須不單轉化內心，也轉化鄰舍；它的崇拜必須不單培養門徒，也培養公義——事實上，崇拜應該培養對公義充滿熱誠的門徒。

如果正如我提出，冒起中的教會需要是大公性的，那麼它也必須恢復教區事工這個觀念。63最重要的是，後現代教會必須樂意擁抱那些被現代的陰暗面壓迫的人：那些居住在城市的中心的人。而要這樣做，十分重要的是，後現代教會需要留在原地；也就是說，教會不是尋求在美國市郊舒適的環境中「植」新堂會時，而是在努力要令市內的教會和羣體重拾活力時，才是正當的後現代。（事實上，我不禁懷疑，由於人們對新事物的著迷，以及想重新開始，而不是在已經存在的羣體那一團糟中工作；「植」堂會否是頗為現代的現象。豎立新建築總是比裝修更容易。但現存羣體的給定和堅定，有一些東西挑戰我們要創造或建立下一件最好的東西這自主的夢。而如果我們可以繼續用建築的比喻，我會選擇一九〇〇年代那些修復的藝術和工藝之家，而不是任何時代新發展的建築物的空白。）

正如雅各布森（Eric Jacobsen）提出，在沒有實體的市郊那錯位的時代中，道成肉身的事工可能只是表示為人行道祈禱。[64] 實體的崇拜必須在符號上與我們舉行崇拜的地方有關連：鄰舍有時真的表示隔鄰的人。如果聖言成了肉身住在我們中間，這對教會應該轉化為道成肉身的地理，抗衡現代那脱離實體的抽象，而實用福音主義往往採納了這種抽象。我們不單需要抗衡現代的觀念，也需要抗衡現代的實踐。而現代其中一個最陰險的實踐涉及逃離城市羣體那一團糟的現實。人行道可能代表對笛卡兒式自主的威脅，但它們也可以是恩典介入的途徑。

將本原正統主義帶到教會

本原正統的教會雖然可能不是羅馬教會，但卻是大公的。而正是這大公性構成我們與德希達、利奧塔和福柯一起參觀的教會的主要元素。換句話說，我們可以視這巴黎人的非神聖三位一體為無意中已經向我們指出更道成肉身式，甚至本原地正統地理解教會和實踐的元素。這是一種馭鯨：創意地恢復傳統身分的加力核心，但卻在後現代，並為了後現代而實行對這核心的一種再現。這個計劃不是由懷舊的傳統主義或對現代那侵蝕性的影響推動；而是由道成肉身式邏輯推動。這種邏輯假定我們本性就是有傳統的受造物，只有藉著好好地依從傳統才能夠恰當地找到自己的身分。正如派凱亞冒險以祖先的語言祈禱，我們也必須考慮前面的路可能是沿著古老的路徑走。我們在較早前參觀後現代教會時已經肯定了的東西——聖言的中心性，經課集的使用，接觸藝術和以實踐作為儀式的規訓——現在都可以被視為由對時間（傳統）和空間（體現）的道成肉身式肯定所支持。

我們進入本原地正統的教會時，是進入一個由某種羣體的「人類工程學」組織的空間：一些不拘一格地安排的椅子，圍繞一張桌子以同心圓的方式排列，那張桌子盛載著聖禮，包含由本地教會一位會友製造的陶瓷。這種空間的組織表示在崇拜的每個階段，教會的會友都彼此面對面：他們看見別人，也讓別人看見。這提醒他們神那聖像式的凝視，這凝視在別人中正視我們（太二十五章）。崇拜的空間也由光和暗的互動組織：超現實的染色玻璃將有顏色的光投射到聖所的部分地方，而蠟燭從聖所外圍的教堂站崗閃耀著光和陰影。幾個屏幕展示轉換的數碼影像，作為一種數碼玻璃，吸引我們進入崇拜。[65]好像傳統的聖像——可以在教堂的一邊找到——一樣，這些數碼影像也是通往超越的窗戶。但吸引我們進入參與性崇拜的不單是視覺藝術。我們一進入聖所，燃點著的蠟燭的香氣便傳遞一種和我們剛離開的石屎森林不同的分別，也令這種經驗和音樂電視及電影那無氣味的被動性不同。[66]教堂其中一個站崗一隊不尋常的合奏隊也發出一種吸引人的氣氛：小型爵士樂，包括薩克斯管、低音提琴、領奏吉他、口琴和樂鋸。

一個以阿富汗咏嘆方式發出的教堂號召示意我們進入更刻意的崇拜。這令圍在桌子周圍的家庭聚在一起背誦一首由會眾中有恩賜的詩人寫的詩。那不拘一格的合奏隊接著帶領我們以歌曲敬拜，選用信仰的聖詩、來自世界各地的合唱歌以及U2以詩篇四十篇為基礎而寫成的「四十」。取自經課集的舊約經文以戲劇和禮儀舞蹈的方式演繹，而選自福音書的讀經則由以薩克斯管奏出、充滿感情的聖歌作背景。講道以書信為焦點，挑戰會眾將他們的渴望重新調校向真正重要的事情（腓一9-10）。這最終將我們指向我們的身分和模塑的機會兩個重要的集體經驗。首先，在這個星期，一個年青的家庭帶了女兒來受洗。父母使用來自十六世紀胡格諾派（Huguenots）的一個美麗的洗禮儀式，表達他們對女兒在信仰中得到模塑的渴望和熱誠；我們身為會眾，也承諾成為會一起在基督裏撫養女孩的鄉村。[67]其次，嬰孩安西婭（Anthea）剛得到迎接進入基督的身體，與家人一起來到桌前，參與她在基督桌前的第一餐：聖餐。安西婭和兄弟姊妹及父母一起坐在桌旁。在祝謝（包括一首塞克斯頓〔Anne Sexton〕的詩）後，主持聖餐的人邀請會眾與安西婭這位教會家庭最新的成員一起坐在桌前，分享基督的身體和血。安西婭的父母在我們簡短地坐在團契和聖餐桌前時，為我們倒酒和擘餅。我們走到桌前和離開桌子時，合奏隊分散在聖所周圍，樂器的聲音在崇拜的空間來回飄蕩。數碼玻璃轉而展示羣體中小孩子的影像——我們教區的本地空間。這提醒我們，我們對安西婭的委身既是共同的委身，也是對我們羣體的委身。

在崇拜結束時，我們被差派到鄰舍那裏，成為正在等候的君王的使者。我們得到提醒，星期一有關於鄰舍共同建屋計劃的會議，我們也承諾在安息日中止經濟循環。與住在附近的會友一起走回家時，也堅固我們是一羣奇特的人這種感覺。

因此，本原地正統的教會不是傳統主義，即使它是傳統的；它不是一個重複的陳腐系統，而是富創意地重複將我們形成為神的百姓的核心特點；它不是懷舊地退回「我們以前的行事方式」，而是動態地重拾古老的實踐，作為不同地被模塑的物質手段，作為會抗衡現代的市場和帝國的實踐的代理。本原地正統的教會是模塑後現代大公信徒的空間。

註釋：

1 *Whale Rider*, DVD，由Niki Caro導演（Culver City, CA: Columbia TriStar Home Entertainment, 2003）。

2 傳統這種正面的影響也在另一件與神聖學校有關的事件中看到。其中一個最出色的男孩海米（很明顯柯洛希望他就是那一位領袖）的父親為人任性，離開了部族，也屬於失落的一代，受到現代文化的引誘。但當他短暫到訪*marae*，看海米的儀式表演時，卻感到很自豪——雖然他立刻離開*marae*，彷彿要保護自己免受祖先的拉扯。但在電影結束時，他不能忍受這拉扯，成了其中一個打扮好的部族成員，將*waka*拖到水中。那時海米因為父親而自豪得笑容滿面。

3 這令人想起電影較早前的一幕：派凱亞和酋長一起。當時酋長正在處理一個殘舊、損毀的舷外發動機的拉繩。派凱亞對部族神話感到好奇，問祖父他們與祖先有甚麼聯繫。酋長用手中的繩作為比喻解釋。他說，他們的遺傳就好像那根繩子，由很多條細小的線組成。他們也是由很多祖先組成的一連串酋長的一部分。當柯洛接著用那條繩啟動發動機時，繩子折斷。他走去找另一條繩時，派凱亞修好那條繩，將發動機啟動。酋長責備她：「我不准你再這樣做。太危險了。」

4 有關我在這點對Derrida的批評，參James K.A. Smith, "Re-Kanting Postmodernism: Derrida's Religion within the Limits of Reason Alone," *Faith and Philosophy* 17 (2000): 558-571。

5 有關更詳儘的介紹，包括考慮本原正統主義與其他相似運動（例如後自由主義）的關係，參James K.A. Smith, *Introducing Radical Orthodoxy: Mapping a Post-secular Theology* (Grand Rapids: Baker, 2004)。

6 有關笛卡兒的懷疑對神學投下的長長陰影的討論，參Nancey Murphy and Brad J. Kallenberg, "Anglo-American Postmodernity: A Theology of Communal Practice," 收錄在*The Cambridge Companion to Postmodern Theology*,ed. Kevin Vanhoozer (Cambridge: Cambridge University Press, 2003), 26-41。正如他們指出，正當的後現代神學會拒絕由笛卡兒在現代始源時定下的辯論條件。

7 在這裏，「神學」不是十分正確的詞語，Caputo和Derrida對這個詞也會感到不大自在，因為它似乎和確定的認信有太大關連。他們會形容這是「後現代宗教哲學」或者只是「宗教研究」。我在這裏採用「神學」這個詞很大程度上是作為探索和為了簡略。

8 參Jacques Derrida, *Memoirs of the Blind*, tans. Pascale-Anne Brault and Michel Naas (Chicago: University of Chicago Press, 1993), 155。

9 有關這種後現代式「沒有宗教的宗教」一種明晰、有趣的闡述，參John D. Caputo, *On Religion* (London: Routledge, 2001)。

10 冒起中的教會關於真理和客觀知識的這些問題，正是D.A. Carson十分嚴厲地批評的。但正如我在第二章指出，我嘗試在雖然是宗教，但卻是激進的懷疑主義和Carson對客觀的信心之間，勾劃出第三條路。這第三條、奧古斯丁式的路肯定知識和真理的可能和真實，但卻拒絕現代對客觀的觀念。我們可以說，這是一種認信的現實主義。

11 有關這點的更詳細資料，參James K.A. Smith, *Speech and Theology: Language and the Logic of the Incarnation,* Radical Orthodoxy Series (London: Routledge, 2002), chap. 5。

12 Murphy和Kallenberg指出Stephen Toulmin提出現代性是「一個巨大Ω形的迂迴路」（"Anglo-American Postmodernity," 39, 引述Toulmin, Cosmopolis: *The Hidden Agenda of Modernity*〔Chicago: University of Chicago Press, 1990〕, 167）。這個觀念是由笛卡兒作出的轉向已經證明是錯誤的轉向，而隨著我們回到正途上時，我們發覺與前現代的先輩有很大的延續性。這肯定了Webber的「古代—將來」論題，並解釋了借助奧古斯丁和阿奎那的認識論是更恰當的後現代。

13 我們必須指出，Derrida和Caputo先驗地排除特定、確定啟示的可能性。這或許是它和本原正統主義其中一個最主要的分別。本原正統主義好像Barth一樣，以肯定神在基督裏給定、特定的啟示開始。沒有宗教的宗教的範式似乎否認啟示的**可能**，而後自由主義和本原正統主義則肯定給定啟示的**首要**。

14 參James K.A. Smith, "Determined Violence: Derrida's Structural Religion," *Journal of Religion* 78, no. 2 (April 1998): 197-212；和*Speech and Theology*, chap. 5。我會在即將出版、暫名為*Holy Wars and Democratic Crusades: Deconstructing Myths of Religious Violence and Secular Peace*的著作中進一步闡釋這點。

15 參James K.A. Smith, "A Principle of Incarnation in Derrida's *(Theologische?) Jugendschriften*: Towards a Confessional Theology," *Modern Theology* 18 (2002): 217-230。

16 重新肯定我們在第四章與Foucault對話時提出的論點。在那裏我們指出，我們可以將對非宗派靈性的持續偏好視為現代自主一種揮之不去的形式。

17 有關一些背景考慮，參John Milbank, *Theology and Social Theory* (Oxford: Blackwell, 1990), chap. 10。

18 有關對後現代神學的一個明晰的介紹，參George Hunsinger, "Postliberal Theology," 收錄在*Cambridge Companion to Postmodern Theology,* 42-57。也參Brian D. McLaren, *A Generous Orthodoxy* (El Cajon, CA: Emergent Youth Specialties, Grand Rapids: Zondervan, 2004), chap. 8。

19 我在*Introducing Radical Orthodoxy*, 33-42中更詳細地解釋這個模式。

20 相關性神學的一個經典代表是David Tracy。參他的*Blessed Rage for Order: The New Pluralism in Theology* (Chicago: University of Chicago Press, 1996);和*The Analogical Imagination: Christian Theology and the Culture of Pluralism* (New York: Herder & Herder, 1998)。我會提出，在衛斯理的四聯組（訴諸聖經、傳統、理性和經驗作為神學的「來源」）背後也有相同的相關性方法，這方法最近被廣泛恢復。

21 Webber, *The Younger Evangelicals: Facing the Challenges of the New World* (Grand Rapids: Baker, 2002), 41.

22 我懷疑冒起中的教會這種存留的相關主義有一些至少部分地是因為它的其中一個神學領袖Stanley Grenz（*requiescat in pace*）存留著相關主義。這可以從他在*Revisioning Evangelical Theology* (Downers Grove, IL: InterVarsity, 1993)這本我得益不少的書中同情衛斯理式四聯組中看到。（Brian D. McLaren在*A New Kind of Christian: A Tale of Two Friends on a Spiritual Journey*〔San Francisco: Jossey-Bass, 2001〕, 55中也訴諸衛斯理式四聯組。）Grenz留意這個關注。例如：在近期一篇關於教會學的文章中，他明確拒絕他稱為「羣體的社會學基礎主義」，特別提到Milbank的批評（參Stanley Grenz, "Ecclesiology," 收錄在*Cambridge Companion to Postmodern Theology*, 258）。但他在較早期著作，甚至在這篇文章中的方法，都似乎顯示一種存留的基礎主義或相關方法。有關循這些路線的討論，並有Grenz的回應，參Archie Spencer, "Culture, Community and Commitments: Stanley J. Grenz on Theological Method," *Scottish Journal of Theology* 57 (2004): 338-360。

23 John Milbank, *Theology and Social Theory: Beyond Secular Reason* (Oxford: Blackwell, 1990), 1.

24 Milbank, *Theology and Social Theory: Beyond Secular Reason*, 1.

25 Milbank, *Theology and Social Theory: Beyond Secular Reason*, 1.

26 這可以從怎樣挪用現代技術和工具來完成*waka*（作戰獨木舟）並將它下水體現出來。重要的是*waka*包含的身分。

27 我需要澄清，我在這裏提到的「柏拉圖主義」，指的是以柏拉圖為二元論者這種傳統的理解。事實上，本原正統主義尋求以正面、非二元的方式恢復一個頗為不同的柏拉圖。雖然我在這裏批評現代基督教的二元論或「柏拉圖主義」，但我並非提出本原正統主義對柏拉圖主義本身是持批評態度。有關這個問題的討論，參我的一章 "Will the Real Plato Please Stand Up? Participation versus Incarnation," 收錄在*Radical Orthodoxy and the Reformed Tradition*, ed. James K.A. Smith and James H. Olthuis (Grand Rapids: Baker, 2005), 61-72。我要感謝Geoff Holsclaw指出這張力。

28 原始主義者接受幾個世紀後確定的聖經正典的模樣這個事實是這規則一個惱人的小小例外。

29 這可能在普利茅斯兄弟會（Plymouth Brethren）傳統（我自己歸信基督教信仰的傳統）中最徹底地完成，但這是浸信會的典型立場。不過，五旬節基督教也傾向以相同原則運作。所有這些派別都強調地方教會的自主，並不是出於偶然。

30 有關從徹底的福音派立場明晰地批評這個框架，參F.F. Bruce, "Scripture and Tradition in the New Testament," 收錄在*Holy Book and Holy Tradition*, ed. F.F. Bruce and E.G. Rupp (Manchester: Manchester University Press, 1968)，在那裏Bruce論證說新約本身也包含詮釋性傳統。

31 這種原始主義令這些福音派傳統向任何教義的新風向開放。關鍵是這些新教義要宣稱自己有來自第一世紀、原始的來源。因此，例如時代論這全新的終末論只在短短半世紀內成了主流的正統，是因為它宣稱是合符聖經而不是傳統。有關相關的討論，參Larry V. Crutchfield, *The Origins of Dispensationalism: The Darby Factor* (Lanham, MD: University Press of America, 1992)。

32 道成肉身是重新肯定時間和空間的善。

33 正如Milbank確定：「我一直都嘗試提出，參與可以擴展到語言、歷史和文化：人類**製造**的整個領域。不單存有和知識參與一位存在和理解的神；人類製造也參與無限、詩意地言說的神：三位一體的第二個位格」（John Milbank, *Being Reconciled*〔London: Routledge, 2003〕, ix）。

34 例如：雖然McLaren在*A Generous Orthodoxy* (El Cajon, CA: Emergent Youth Specialties; Grand Rapids: Zondervan, 2004), 87中健康地肯定傳統，但他往往提出好像這樣的論點：「在西方的基督教，創造（一個聖經用語）的教義很大程度上被墮落（不是聖經用語）的教義活生生吃掉」（234）。我明白那分別，但徹底的道成肉身神學會認為那分別是有討論餘地的。

35 Pickstock, "Radical Orthodoxy and the Mediations of Time," 收錄在

Radical Orthodoxy? A Catholic Enquiry, ed. Laurence Paul Hemming (Aldershot: Ashgate, 2000), 64。

36 Pickstock, "Radical Orthodoxy and the Mediations of Time," 64.

37 Pickstock, "Radical Orthodoxy and the Mediations of Time," 64.

38 有關傳統性作為受造必不可少的一面的進一步討論，參James K.A. Smith, *The Fall of Interpretation: Philosophical Foundations for a Creational Hermeneutic* (Downers Grove, IL: InterVarsity, 2000), 152-157。

39 Pickstock, "Radical Orthodoxy and the Mediations of Time," 64.

40 Pickstock, "Radical Orthodoxy and the Mediations of Time," 65.

41 有關二十世紀美國這個改革宗傳統一個概括和令人不安的記述，參John M. Frame, "Machen' s Warrior Children," 收錄在*Alister E. McGrath and Evangelical Theology: A Dynamic Engagement*, ed. Sung Wook Chung (Carlisle: Paternoster; Grand Rapids: Baker, 2003), 113-146。

42 George Weigel, *Letters to a Young Catholic* (New York: Basic Books, 2004), 9.

43 Weigel, *Letters to a Young Catholic*, 9.

44 Weigel, *Letters to a Young Catholic*, 9.

45 Weigel, *Letters to a Young Catholic*, 9.

46 Weigel, *Letters to a Young Catholic*, 10。這樣表達表示它與本原正統主義有重疊之處。事實上，在指出Flannery O' Connor的著作怎樣抗衡「溫文虛無主義」的乏味時，Weigel表示：「如果Mary McCarthy是對的話，而聖餐只以某種神奇的方法代表基督；那麼Flannery O' Connor說：「唔，如果它是一個象徵，就見鬼去吧」時，是完全、徹底、極端地正統」(16)。

47 Weigel, *Letters to a Young Catholic*, 80.

48 Weigel, *Letters to a Young Catholic*, 92.

49 Weigel, *Letters to a Young Catholic*, 書信五。

50 有關向後現代文化講述古老語言的可能性，參Marva Dawn, *Talking the Walk: Letting Christian Language Live Again* (Grand Rapids: Brazos, 2005)。

51 我在*Introducing Radical Orthodoxy*, 223-229中更詳細地解釋這聯繫。

52 Weigel, *Letters to a Young Catholic*, 86.

53 Weigel, *Letters to a Young Catholic*, 87, 94.

54 Weigel, *Letters to a Young Catholic*, 98-100, 101-114.

55 Weigel, *Letters to a Young Catholic*, 26-27.

56 Weigel, *Letters to a Young Catholic*, 130.

57 Weigel, *Letters to a Young Catholic*, 131.

58 有關禮儀和聖禮——包括支持它們的參與本體論——的進一步資料，參我的*Introducing Radical Orthodoxy*, chap. 6。

59 參Jonny Baker and Doug Gay, with Jenny Brown編，*Alternative Worship: Resources from and for the Emergent Church* (Grand Rapids: Baker, 2003), 63。作者引用Les Murray對還原現代主義的「狹隘語言」和更有想像力的世界觀的「整全語言」的區分，號召人們恢復以整全語言作為教會的語言。「詩的語篇」代表「言語的重新施魅或重新神話化，言語反映基督教的想像，承認符號、意象、「神話」和隱喻以及以音樂和視覺藝術分享空間和時間的重要性」（同上）。

60 David Matzko McCarthy, *The Good Life: Genuine Christianity for the Middle Class* (Grand Rapids: Brazos, 2004), 42。

61 有關以批判的眼睛考察巨大教會這個現象，參James B. Twitchell, *Branded Nation: The Marketing of Megachurch, College Inc., and Museumworld* (New York: Simon & Schuster, 2004), 47-108。

62 無可否認，城市的教會也可能有同樣的無地點性和流動，將人們從遠處吸引進來—— 包括想在「不同」羣體崇拜但又不一定想在那裏生活的人。因此，不單是市郊的教會不能實行委身於一個地方的「教區」神學。單單位於市中心並不令教會成為教區。反過來說，市郊教會實際上也可以更恰當地朝向「教區」。我要感謝Brian McLaren在這些問題上提醒我。

63 有關沿著這思路，並基於具體的個案研究的論證，參Mark Mulder, "A Dissonant Faith: The Exodus of Reformed Dutch Churches from the South Side of Chicago," (Ph.D. diss., University of Wisconsin-Milwaukee, 2003)，尤參141-208，闡述地方和教會體制這些問題之間的相互關係。Mulder提倡恢復一種教區的意義作為公義的必須條件。

64 參Eric Jacobsen, *Sidewalks in the Kingdom: New Urbanism and the Christian Faith* (Grand Rapids: Brazos, 2003), 84。Jacobsen對這些問題提供一個很好的介紹，雖然他沒有將關注對應後現代主義。有關地點的道成肉身式神學的進一步資料，參T. J. Gorringe, *A Theology of the Built Environment: Justice, Empowerment, Redemption* (Cambridge: Cambridge University Press, 2002)。

65 有關這種視覺材料的樣本，可以瀏覽sacramentis.com。

66 我們也可以捕捉好的蘇門答臘（公平貿易）咖啡—— 後現代教會的新酒—— 的一陣香氣！

67 參Tod Bolsinger, *It Takes a Church to Raise a Christian: How the Community of God Transforms Lives* (Grand Rapids: Brazos, 2004)。

附評註參考書目

關於後現代主義和基督教信仰的進一步閱讀

在這本書中，我們就怎樣在後現代中模塑基督教信仰進行的思考只是相當表面。讀者如果有興趣進一步研究這個課題，可以參考以下書籍。有*號的書是比較沒有那麼專門的。

Baker, Jonny, and Doug Gay, with Jenny Brown. *Alternative Worship: Resources from and for the Emerging Church*. Grand Rapids: Baker, 2004.

這是一本了不起、獨特的書，為「一隻手在過去，一隻手在將來」的另類崇拜提供具體的崇拜和禮儀資源。還包括一隻唯讀光碟。是很好的資源。

*Benson, Bruce Ellis. *Graven Ideologies: Nietzsche, Derrida, and Marion on Modern Idolatry*. Downers Grove, IL: InterVarsity, 2002.

這本書表明後現代主義怎樣可以被視為對偶像的批評，從而可以呼應基督教信仰。

Dawn, Marva. *Reaching Out without Dumbing Down: A Theology of Worship for This Urgent Time.* Grand Rapids: Eerdmans, 1995.

傾向批評後現代性，但這很大程度上是因為她將後現代性等同現代性。她視「對尋道者敏銳」的教會模式為後現代，而我則認會它們完全是現代的。因此，我認為她提出的以豐富的禮儀作為解毒劑是後現代的。

Hauerwas, Stanley. *A Better Hope: Resources for a Church Confronting Capitalism, Democracy, and Postmondernity.* Grand Rapids: Brazos, 2000.

關於後現代性這個問題，Hauerwas所寫的一切我幾乎都樂意推薦，不過在這裏他直接處理這個問題。這本書會比你想像中更容易明白。

* Hughes, Graham. *Worship as Meaning: A Liturgical Theology for Late Modernity.* Cambridge: Cambridge University Press, 2003.

這本書考慮崇拜怎樣交織一張象徵的網，同時吸取和挑戰我們在晚期現代中可以找到的意義。

Kitchens, Jim. *The Postmodern Parish: New Ministry for a New Era.* Herndon, VA: Alban Institute, 2003.

一本有趣的書；有點像Brian McLaren與Stanley Hauerwas相遇。

McLaren, Brian D. *The Church on the Other Side: Doing Ministry in the Postmodern Matrix.* Grand Rapids: Zondervan, 2000.（中譯：《教會大變身——後現代教會發展新思維》，蔡安生譯，校園書房出版社。）

雖然這本書在歡呼後現在性是一個全新的時代方面有點浮誇，但卻提出十分具體的策略，讓教會在當代世界中重新思考自己。一般來說，我希望McLaren對教會的看法有更強的聖禮味道（好像Webber那樣），但這本書仍然很有用。

McLaren, Brian D. *A Generous Orthodoxy: Why I Am a Missional, Evangelical, Post/Protestant, Liberal/Consevative, Mystical/Poetic, Biblical, Charismatic/Contemplative, Fundamentalist/Calvinist, Anabaptist/Anglican, Methodist, Catholic, Green, Incarnational, Depressed-Yet-Hopeful, Emergent, Unfinished Christian.* El Cajon, CA: Emergent Youth Specialties; Grand Rapids: Zondervan, 2004.

這本書以認信模式提出神學，誠實地處理艱難的問題。第五章是關於教會作為宣教的羣體，單單這一章已十分有價值。

McLaren, Brian D. *A New Kind of Christian: A Tale of Two Friends on a Spiritual Journey*. San Francisco: Jossey-Bass, 2001.（中譯：《新品種的基督徒》，凌琪翔譯，校園書房出版社。）

這本書引發一些爭論，令關於冒起中的教會的對話受到關注。它以對話／小說的方式寫成，提出後現代性的根本問題，直接處理疑惑和焦慮。我極力推薦這本書，它特別適合小組討論。這本書現在擴充成三部曲：*The Story We Find Ourselves In: Further Adventures of a New Kind of Christian* (San Francisco: Jossey-Bass, 2003)和*The Last Word and the Word after That: A Tale of Faith, Doubt, and a New Kind of Christianity* (San Francisco: Jossey-Bass, 2005).

Middleton, J. Richard, and Brian J. Walsh. *Truth Is Stranger Than It Used to Be: Biblical Faith in a Postmodern Age.* Downers Grove, IL: InterVarsity, 1995.

這本書由經典著作*Transforming Vision: Shaping a Christian World View* (Downers Grove, IL: InterVarsity, 1984)的作者撰寫，是其中一本最早細緻地討論後現代主義的著作。在運用聖經方面相當強。

Raschke, Carl. *The Next Reformation: Why Evangelicals Must Embrace Postmodernity.* Grand Rapids: Baker, 2004.

從廣泛參與真實世界的事工的專業哲學家的角度介紹後現代思想，是少數特別同時處理理論和實踐的書籍的其中一本。

* Smith, James K.A. *The Fall of Interpretation: Philosophical Foundations for a Creational Hermeneutic.* Downers Grove, IL: InterVarsity, 2000.

在這本書，我更詳細地研究德希達（和其他人），並論證說詮釋是身為受造物的構成(因而也是善的)特點。

Smith, James K.A. *Introducing Radical Orthodoxy: Mapping a Post-secular Theology*. Grand Rapids: Baker, 2004.

這本書向你介紹當代神學一個重要的識別力，並至少會指出它對崇拜和門徒訓練應該怎樣帶來分別。

Walsh, Brian J., and Sylvia C. Keesmaat. *Colossians Remixed: Subverting the Empire*. Downers Grove, IL: InterVarsity, 2004.

一本出色的「反註釋」，顯示聖經敍事在後現代處境中的持久相關性。是獨一無二的。

Webber, Robert E. Ancient-Future Faith: *Rethinking Evangelicalism for a Postmodern World*. Grand Rapids: Baker, 1999.

在這本十分容易讀的書中，Webber提出我也提出的論點：真正後現代的教會是深刻地注重歷史(恢復古老的遺產)和禮儀(透過象徵和聖禮刺激想像)的。

Webber, Robert E. *The Younger Evangelicals: Facing the Challenges of the New World*. Grand Rapids: Baker, 2002.

在這裏，Webber對冒起中的教會的狀況提供一個報告。他藉著指出傳統福音派、實用福音派(對尋道者敏銳)和較年青的福音派之間的分別這樣做。這本書同時包括診斷和預測，並就崇拜、青少年事工、門徒訓練、藝術等提出特定、具體的建議，是一本很好的書。

網上資源

作為關於後現代主義和基督教信仰附評註的書目的補充，這裏挑選了一些網上資源，供讀者進一步研究後現代性中教會的模式。[1]

The Ooze (http://www.theooze.com)。這是思考冒起中的教會必不可少的網站。包括定期更新的文章。這些文章根據文化、信仰和事工幾個類別編排。也有關於新書、即將舉行的活動和透過網上論壇與其他人接觸的機會。絕對是很好的設計。

Emergent (http://www.emergentvillage.com)。最近經重新設計，更清楚和更直接，包含很有用的資源，包括文章、網上論壇以及冒起中的聚會、會議和其他活動的資料，還包括網上會議和講座。你也可以訂閱Emergent Village電子通訊。

Ancient-Future Worship (http://www.ancientfutureworship.com)。由Robert Webber的Institute for Worship Studies主持的網站。為嘗試將Ancient-Future Faith整合到崇拜中的教會提供資源。

Sacramentis.com (http://www.sacramentis.com)。由Sally Morgenthaler主持。她是一位幫助教會以同時是古老和後

*Caring*系列　實踐信仰的關懷，共度人生的起伏。

情緒四重奏——同行生命中的憂怒哀樂
葛琳卡 著／HK$83

與癡呆症共舞——給患者與照顧者的分享及指引
Dancing with Dementia: My Story of Living Positively with Dementia
克莉絲汀・伯頓(Christine Bryden)著／陳永財 譯／HK$78

妥善處理抑鬱症
Coping with Depression
陳善養(Siang-Yang Tan)、奧伯格(John Ortberg)著／明朗兒 譯／HK$48

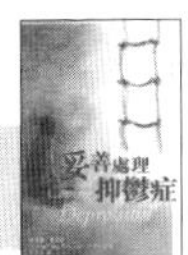

策略性牧養輔導——一個短期有系統的模式
Strategic Pastoral Counseling
貝內爾(David G. Benner)著／陳永財 譯／HK$68

怎能饒恕——策略性牧養輔導
Understanding & Facilitating Forgiveness
羅伯特・哈維(Robert W. Harvey)、貝內爾(David G. Benner)著／陳永財 譯／HK$68

癌病中的盼望——怎樣幫助癌症患者
Counseling People with Cancer
珍・艾特雷-康頓(Jann Aldredge-Clanton)著／羅燕明 譯／HK$78

默默相伴——給關顧者的指引和默想操練
Caring Ministry: A Contemplative Approach to Pastoral Care
莎拉・巴特勒(Sarah A. Butler)著／陳永財 譯／HK$68

聖經通識叢書

兼顧學術研究的精確和執著，並教會信徒生活上的實踐。

聖經鳥瞰

為您精簡而全面地展現聖經的本體與其來龍去脈

聖經鳥瞰——基礎篇 黃錫木 著／HK$78
聖經鳥瞰——進深篇 黃錫木 著／HK$58

聖經書卷要領

助您宏觀同類別的聖經書卷

耶穌生平與福音書要領 孫寶玲、黃錫木 著／HK$78
使徒行傳與保羅書信要領 張達民、黃錫木 著／HK$68

聖經書卷析讀

助您進深分析個別聖經書卷的內容和信息

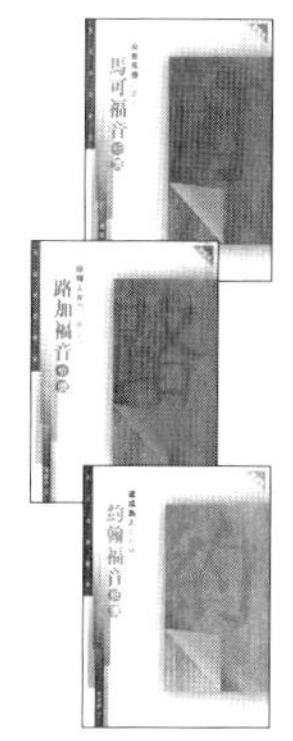

奔走風塵的僕人——馬可福音析讀
張略、黃錫木 著／HK$88
逆轉人生的上帝之子——路加福音析讀
孫寶玲 著／HK$98
道成為人的耶穌——約翰福音析讀
吳道宗 著／HK$88
風起雲湧的初代教會——使徒行傳析讀
張達民、黃錫木 著／HK$58
情理之間持信道——加拉太書、帖撒羅尼迦前後書析讀
張達民、郭漢成、黃錫木 著／HK$83

其他出版 讓您多方、多向，更完整地研讀聖經

實用聖經地圖集 *Bible Atlas*
John Strange 原書主編／黃錫木 中文版主編／HK$118
憑祢恩言——實用基督徒生活手冊
郭鴻標、黃錫木 主編／HK$108
聖經通識手冊 羅慶才、黃錫木 主編／HK$158
聖經導讀卡 黃錫木 著／HK$88

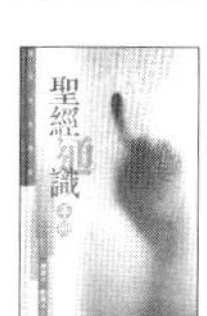

本叢書另備有配套參考資料，詳情可瀏覽基道網頁：
www.logos.com.hk

讀者意見表

緊扣時代 服事教會

以文字傳揚基督真道

衷心多謝你購買本社書籍。本社一直致力以出版事工服事教會，幫助信徒扎根於神的話語，促進靈命增長。為使我們的出版更能滿足你的需要，請填寫下列各項資料，並寄回或傳真予本社。

所購書籍：＿＿＿＿＿＿＿＿＿＿

本書最吸引你的地方：

□作者　□適切性　□文筆　□設計　□實用性

□其他：＿＿＿＿＿＿＿＿＿＿

購買本書地點：

□基道書樓　□基督教書店　□非基督教書店

性別：□男　□女　職業：＿＿＿＿＿＿＿＿

信仰：□基督徒　□非基督徒

年齡：□ 16 歲或以下　□ 17～25 歲　□ 26～35 歲

□ 36～55 歲　□ 56 歲或以上

學歷：□中三或以下　□中五　□預科

□大學　□研究院

□我欲更多了解基道出版社的事工及考慮支持，請寄給我下列資料：

□機構簡介　□新書資料　□基道會員通訊

□《基道文字事工通訊》

姓名：＿＿＿＿＿＿＿＿＿＿電話：＿＿＿＿＿＿＿＿

地址：＿＿＿＿＿＿＿＿＿＿＿＿＿＿＿＿＿＿

＿＿＿＿＿＿＿＿＿＿＿＿＿＿＿＿＿＿

傳真：＿＿＿＿＿＿＿＿　電子郵件：＿＿＿＿＿＿＿＿

其他意見：＿＿＿＿＿＿＿＿＿＿＿＿＿＿＿＿

＿＿＿＿＿＿＿＿＿＿＿＿＿＿＿＿＿＿

多謝賜教！

基道出版社

意見表可以傳真（2687-0281）或直接郵寄以下地址：
香港沙田火炭坳背灣街26號富騰工業中心1011室
基道出版社編輯部收